دفاتر
الدكتور ميشيل سيم جوود

سيسيل بيرتين

نعم، أستطيع الإقلاع عن التدخين

ترجمة
بسنت عادل فؤاد

دار جامعة حمد بن خليفة للنشر
HAMAD BIN KHALIFA UNIVERSITY PRESS

المحتويات

التشخيص الذاتي: أي مدخِّن أنت؟ **4**

الجزء الأول: ماذا عن التبغ؟ **8**

الفصل الأول: **الإقلاع عن التدخين فكرة جيدة!** **9**

الفصل الثاني: **قصتنا مع التبغ، قصة طويلة للغاية** **17**

الفصل الثالث: **هل حاولت الإقلاع عن التدخين؟ تملك كل شيء لبلوغ ذلك!** **20**

الفصل الرابع: **هل السيجارة الإلكترونية حل سهل ومثالي للإقلاع عن التدخين؟** **28**

الوصفة الصحية **31**

الجزء الثاني: تدريبات الدكتور جوود! **32**

الفصل الأول: **أسبوعٌ للاستعداد** **33**

الفصل الثاني: **أسبوعان سيغيران كل شيء!** **43**

الفصل الثالث: **الآن، عليك أن تستمر** **51**

الوصفة الصحية **59**

إلى اللقاء بعد ستة أشهر **60**

لمزيد من المعلومات **62**

2

كلمة ميشيل سيم

الإقلاع عن التدخين من أصعب القرارات التي يجب اتخاذها، وهو أحد أهم القرارات في حياتك! سحق آخر سيجارة معك سيكون علامةً بيضاء وحدثًا مهمًّا في يومك الأول مما بقي من حياتك الجديدة؛ حياتك التي ستتحسن ويطول أمدها بهذا الفعل البسيط.

إذا كان من السهل الكتابة عن الموضوع أو حتى اتخاذ قرار بشأنه، فلن يكون سهلًا اتخاذ إجراء أو حتى الالتزام بوقت الإقلاع عن التدخين، الذي لن يكون أمرًا يسيرًا هادئًا، بل سيكون معركة حقيقية لا يمكن كسبها إلا بشرط الاستعداد سابقًا، والتهيؤ للصعوبات، لمواجهتها بصورة جيدة.

هذا الكتاب ليس عامرًا بالنصائح فحسب، بل إنه خطة هجوم حقيقية لإمدادك بفرص النجاح في رهانك: تنظيم التغذية للحدِّ من زيادة الوزن، والرياضة الأساسية ليحل الإندورفين محل النيكوتين، والسوفرولوجيا (العلاج بالاسترخاء) والتأملات الأخرى لإدارة التوتر. نعم، أعلم أن الأمر لن يكون سهلًا بالضرورة، وستكون هناك أيام تعيشها مع التوتر وأيام بلا توتر، ولكن بعد أسبوعين فقط، عندما تدرك أنك نجحت في الإقلاع عن التدخين، وأنك وجدت القوة للتخلي عنه، وقبل كل شيء شعورك بالآثار الإيجابية الأولى على جسمك، فلن تستطيع سوى أن تفخر بنفسك!

ميشيل سيم

التشخيص الذاتي

أي مدخِّن أنت؟

قبل الشروع في هذه المغامرة الرائعة للإقلاع عن التدخين، استقطع بضع دقائق من وقتك لإجراء تقييم شامل* بشأن إدمانك للتبغ. هذا أمر مهم! فبقياس مدى إدمانك، فإنك تضع على الفور كل الاحتمالات لصالحك، من خلال إدراكك الحقيقي لموقفك. ومن المؤكد أن هذا الاختبار[1] لن يكون ذا جدوى إذا لم يُستكمل بكل صدق.

حدِّد برقم بين 0 و100، إلى أي مدى تدمن السجائر.	☐ 0-20	1
0: لستُ مدمنًا على الإطلاق.	☐ 21-40	2
100: أنا مدمن إلى أقصى حد.	☐ 41-60	3
	☐ 61-80	4
	☐ 81-100	5
كم يبلغ متوسط عدد السجائر التي تدخنها في اليوم؟	☐ 0-5 سجائر/ يوم	1
	☐ 6-10 سجائر/ يوم	2
	☐ 11-20 سيجارة/ يوم	3
	☐ 21-30 سيجارة/ يوم	4
	☐ أكثر من 30 سيجارة/ يوم	5

---

* وُضع هذا الاختبار من قِبل معهد الصحة العالمية التابع لكلية الطب في جنيف.

كم دقيقة تفصل بين استيقاظك وسيجارتك الأولى؟	☐ 0-5 دقائق	5
	☐ 6-15 دقيقة	4
	☐ 16-30 دقيقة	3
	☐ 31-60 دقيقة	2
	☐ أكثر من 60 دقيقة	1
بالنسبة إليك، الإقلاع عن التدخين نهائيًا سيكون...	☐ مستحيلًا	5
	☐ صعبًا للغاية	4
	☐ صعبًا نوعًا ما	3
	☐ سهلًا نوعًا ما	2
	☐ سهلًا للغاية	1

هل توافق على العبارات التالية...

بعد بضع ساعات من عدم التدخين، أشعر برغبة شديدة في إشعال سيجارة.	☐ أرفض تمامًا	1
	☐ أميل إلى عدم الموافقة	2
	☐ أوافق إلى حدٍّ ما	3
	☐ أميل إلى الموافقة	4
	☐ أوافق تمامًا	5
عند نفاد السجائر، أشعر بالتوتر.	☐ أرفض تمامًا	1
	☐ أميل إلى عدم الموافقة	2
	☐ أوافق إلى حدٍّ ما	3
	☐ أميل إلى الموافقة	4
	☐ أوافق تمامًا	5
قبل الخروج، أتأكد دائمًا من وجود سجائر معي.	☐ أرفض تمامًا	1
	☐ أميل إلى عدم الموافقة	2
	☐ أوافق إلى حدٍّ ما	3
	☐ أميل إلى الموافقة	4
	☐ أوافق تمامًا	5

أشعر بأنني أسير للسجائر.	☐ أرفض تمامًا	1
	☐ أميل إلى عدم الموافقة	2
	☐ أوافق إلى حدٍّ ما	3
	☐ أميل إلى الموافقة	4
	☐ أوافق تمامًا	5
أدخن كثيرًا.	☐ أرفض تمامًا	1
	☐ أميل إلى عدم الموافقة	2
	☐ أوافق إلى حدٍّ ما	3
	☐ أميل إلى الموافقة	4
	☐ أوافق تمامًا	5
أحيانًا أترك كل شيء للذهاب لشراء السجائر.	☐ أرفض تمامًا	1
	☐ أميل إلى عدم الموافقة	2
	☐ أوافق إلى حدٍّ ما	3
	☐ أميل إلى الموافقة	4
	☐ أوافق تمامًا	5
أدخن طوال الوقت. 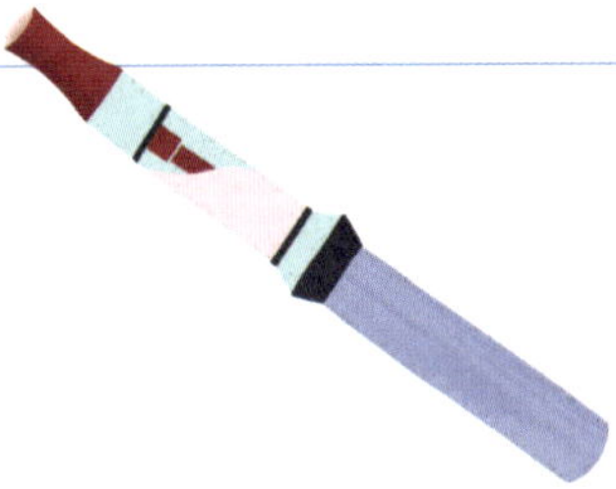	☐ أرفض تمامًا	1
	☐ أميل إلى عدم الموافقة	2
	☐ أوافق إلى حدٍّ ما	3
	☐ أميل إلى الموافقة	4
	☐ أوافق تمامًا	5
أدخن على الرغم من المخاطر على صحتي.	☐ أرفض تمامًا	1
	☐ أميل إلى عدم الموافقة	2
	☐ أوافق إلى حدٍّ ما	3
	☐ أميل إلى الموافقة	4
	☐ أوافق تمامًا	5

احسب نقاطك

مجموع نقاط الأسئلة الاثني عشر	
حتى 24 نقطة	إدمان معتدل
ما بين 25 و44 نقطة	إدمان متوسط
45 نقطة أو أكثر	إدمان شديد

النمط الأول: إدمانك معتدل

سيكون الإقلاع عن التدخين أسهل بلا شك عند هذا المستوى. ترتبط السجائر لديك بالعادات ونمط الحياة، لأن التدخين مرتبط بالانتماء إلى مجموعة من المدخنين، وليس بالاعتماد الجسدي الحقيقي. عليك بإدراج ممارسة الرياضة في حياتك اليومية عن طريق بدء نشاط منتظم (انظر صفحة 38)، وتغيير طريقة تناولك الطعام باتباع النظام الغذائي الحمضي القاعدي (انظر صفحة 53)، وقبل كل شيء، تبنَّ ردود الفعل الصحيحة مثل «إجراءات مكافحة التدخين» (انظر صفحة 45)، هذا هو برنامجك للأسابيع القليلة المقبلة.

النمط الثاني: إدمانك متوسط

إدمانك النيكوتين أكثر أهميةً مما تشعر به داخليًا، فأنت في حاجة إليه لإدارة التوتر بصورة يومية، ويكاد النيكوتين يصبح عكازًا لك في الأوقات التي تسوء فيها أمورك. ستحتاج إلى التركيز على البرنامج الرياضي (انظر صفحة 38)، وخصوصًا على نصائح التأمل (انظر صفحة 41)، ويمكن لليوجا، إضافةً إلى التأمل، أن تصبح حليفًا مهمًا لك في تحقيق «هدف عدم تعاطي التبغ» (انظر صفحة 44)!

النمط الثالث: إدمانك شديد

في هذا المستوى من الإدمان، إضافةً إلى هذا البرنامج وكل النصائح التي ستجدها في هذا الكتاب، يمكن أن تكون مساعدة أخصائي التبغ أو أخصائي الإدمان من عوامل النجاح بالفعل، وثمة عمليات متابعة أسهل عبر الهاتف بفضل «خدمة معلومات التبغ» (انظر صفحة 27) على الرغم من أنه لا يوجد شيء يحل محل الاتصال المباشر مع معالج معتمد للتخلص نهائيًا من الإدمان! لا تتجاهل أدوات مثل اللاصقات (انظر صفحة 24)، أو حتى السيجارة الإلكترونية (انظر صفحة 28)، مع التأكد من أن استخدامها سيكون مؤقتًا. وستكون اليوجا ضرورية (انظر صفحة 44)، تمامًا مثل الرياضة (انظر صفحة 38)، لتحقيق أقصى استفادة من أسابيع الإقلاع هذه!

الجزء الأول

ماذا عن التبغ؟

قال سون تزو مؤلف كتاب «فن الحرب»، الذي لا يزال مشهورًا بين جميع الاستراتيجيين: «إذا كنت تعرف عدوك وتعرف نفسك، فلن تهزمك ألف معركة». إذا علمت كيف تعمل السجائر على دماغك وجسمك، وإذا أصبحت على دراية بجميع آثارها الضارة، وإذا فهمت السبب الذي يدعوك إلى التدخين، فستكون هذه أفضل استراتيجية لعملية إقلاع ناجحة عن التدخين.

الفصل الأول

الإقلاع عن التدخين فكرة جيدة!

قرارك بالإقلاع عن التدخين يمثل أول انتصار على النيكوتين. ولتعزيز قرارك وإرادتك (التي ستُختبر بشدة)، هذا تذكير بسيط بالآثار الضارة لـ«مسامير النعش» (كما أطلق همفري بوجارت على سجائره) على صحتك، إضافةً إلى جميع الفوائد التي تحدث عندما تقلع عن التدخين. وسترى أن الأمر يحدث بسرعة!

لماذا يجعلك التبغ مدمنًا؟

المدخنون لديهم دائمًا عذر جيد: «بغير سجائري لا أفكر بصورة جيدة، وأُصاب بكثير من التوتر الذي لا يمكنني التعامل معه». لكن الشعور بالحرية في إشعال سيجارة أو لا، هو شعور مضلل، فالدماغ مدمن على النيكوتين ويطالب بجرعته، وافتقاد النيكوتين يجلب التوتر الذي يستدعي التدخين. إنها حلقة مفرغة حقيقية.

اعتماد جسدي حقيقي

بينما تظل هذه الظاهرة معقدة، هناك شيء واحد مؤكد: النيكوتين هو المسؤول عن الإدمان، فهو يطلق هرمون الدوبامين، وهو هرمون المتعة الشهير، في منطقة معينة من الدماغ، وهي النواة المتكئة، التي تلعب دورًا مركزيًّا في دائرة المكافأة. وهنا تقع الواقعة! فهذا يكفي لوقوع دماغك في الفخ: فالنيكوتين تحوَّل إلى متعة، وها هو دماغك يطالب بالمزيد! وعندما تعلم أن النيكوتين يجري التخلص منه في البول، فستفهم على نحو أفضل أن افتقاده أمر مستمر لا يتوقف. وهكذا تجد نفسك تبحث عن متجر تبغ يفتح لما بعد منتصف الليل، من دون أن تفهم حقًّا كيف وصلت إلى هناك.

تأثير النيكوتين على الدماغ

1
في الليل
ينخفض النيكوتين في الدم بسرعة في أثناء الليل، ويبقى القليل جدًّا من النيكوتين في دم المدخن عند الاستيقاظ. لذلك، فكل يوم هو دورة مثالية للحفاظ على إدمان النيكوتين.
2
التأثيرات على الجسم
يعمل النيكوتين على نظام المكافأة وينتج شعورًا بالمتعة لدى المدخن الذي يسعى إلى التجديد. يؤدي النيكوتين إلى إفراز الهرمونات (النوربينفرين، والدوبامين، والبيتايندورفين، والفازوبريسين) التي لها تأثيرات محفزة على الدماغ.
3
نقص واستهلاك
يستمر تأثير النيكوتين من 1-4 ساعات حسب كل شخص. وعندما ينخفض مستواه، يعاني المدخن أعراضَ التوقف عنه. وللحفاظ على مستوى ثابت من تركيز النيكوتين في الدم، يجب استهلاك السجائر بانتظام. ومع مرور الوقت، يعتاد المدخن النيكوتين، ولتحقيق التأثير نفسه الذي كان عليه عندما بدأ في التدخين، يجب عليه زيادة جرعته من السجائر.
4
دخول الجسم
يؤدي التدخين إلى إطلاق النيكوتين، الذي يستغرق من 7-10 ثوانٍ للانتقال من الرئتين إلى الدم ثم إلى الجهاز العصبي المركزي.

عندما يتدخل علم الوراثة

لقد وُلدنا جميعًا ونحن نحمل في جيناتنا مخاطرة كبيرة أو قليلة بتطور إدمان ما لدينا (مثل إدمان الكحول)، ولكن الجينات لا تفسر كل شيء. وتلعب العوامل المرتبطة بالبيئة الاجتماعية والأسرية دورًا أيضًا. وقد أظهر كثير من الدراسات أن كونك ابنًا أو ابنة للمدخن يزيد من فرص أن تصبح مدخنًا بالمثل. ببساطة لأن دماغًا صغيرًا اعتاد تلقي جرعة (حتى لو كانت سلبية) قد يرغب في الاستمرار في تلقيها. ولحسن الحظ، نحن جميعًا نعرف أطفالًا لمدخنين، لم يسبق لهم أن لمسوا سيجارة واحدة.

لعبة في مواجهة حوادث الحياة

الأحداث المؤلمة أو المجهدة، والاضطرابات العاطفية، والنزاعات داخل الأسرة، مثل الطلاق، التي تعرض لها المراهق بصورة سيئة، والاعتداء الجسدي أو الجنسي... من بين كثير من الأسباب التي يمكن أن تؤدي إلى البحث عن الراحة في دخان التبغ. وغالبًا ما يكون الذهاب إلى متجر التبغ أسهل من استشارة طبيب نفسي.

> ### نصيحة الدكتور جوود المُثلى!
>
> لا يعني كوننا مدخنين سلبيين، أو أن كل فرد في عائلتنا دخَّن قبلنا بوقت طويل، أنه يجب أن تثبط عزائمنا! إن معرفة أصل الشر هي بالتحديد أفضل طريقة للتغلب عليه، من خلال اختيار الأدوات المناسبة لفعل ذلك.

لا يوجد نوع واحد فقط من المدخنين

اعرف نفسك بنفسك! ينطبق هذا القول المأثور على المدخنين، حيث ينغمس كلٌّ منهم في هذه «الرذيلة» لأسبابه الخاصة. ومع ذلك، فإن المدخن المطلع هو مدخن سابق مضمون في المستقبل!

المدخن الأبيقوري

هذا تقريبًا من أكثر التشخيصات صعوبة في التحفيز، لأنه إذا كانت هذه حالتك، فأنت تربط السجائر بمتع الحياة، ولا تريد أن تحرم نفسك من «بضع سجائر» في المساء، أو من قهوتك. يمكننا أيضًا إضافة تصنيف آخر، وهو المدخن «الجمالي» الذي يشعل السيجارة فقط لجمال هذا الفعل، مثل بعض مدخني السيجار.

المدخن القهري

لم تعد المسألة مجرد متعة، بل رد فعل، فأنت لم تعد تسأل نفسك إن كان الوقت مناسبًا أم لا، فالسيجارة لا تختفي من بين أصابعك، حتى إنك يمكن أن تشعل سيجارة بينما لا تزال هناك أخرى مشتعلة في منفضة السجائر. وكثيرًا ما يحفز علم الأمراض أو الوعي بآثار التبغ على صحتك سببًا للإقلاع عن التدخين.

المدخن صاحب الأعذار

«بغير سجائري وقهوتي في الصباح، لا يمكنني الانتباه»، «أحتاج إلى التدخين عندما أشعر بالتوتر. إنه أفضل من مضاد الاكتئاب، أليس كذلك؟». لا يُنظر إلى السجائر على أنها عدو، بل بوصفها حليفًا. سنقنعك بالتأكيد بأن هذه معتقدات خاطئة.

ما هي السيجارة في الواقع؟

غالبًا ما نميل إلى نسيان ذلك، لكن السيجارة ليست مجرد قليل من التبغ الملفوف في ورقة، إنها «مصنع كيميائي» حقيقي يبدأ عقب إخراج الولاعة! دخان التبغ عبارة عن رذاذ، أي خليط من الغازات والجسيمات، ويتكون هذا الخليط عند درجة حرارة تتراوح بين 1000 و1500 درجة مئوية. يظهر الرماد، فيما يتصاعد الدخان، ويحدث هذا عندما تتحول المركبات الكيميائية الموجودة في السيجارة المطفأة البالغ عددها 2500 إلى أكثر من 4000 مادة، الكثير منها سام.

مكونات السيجارة

نجد في السيجارة دائمًا النيكوتين والقطران وعوامل النكهة، لكن هناك كثيرًا من المكونات الأخرى، مثل الغازات السامة (أول أكسيد الكربون، وأكسيد النيتروجين، وحمض الهيدروسيانيك، والأمونيا)، والمعادن الثقيلة (الكادميوم، والرصاص، والكروم، والزئبق). ويوجد ما يقرب من 70 مادة مسرطنة في السيجارة، ولها آثار ضارة على أجسامنا.

الأضرار على جميع المستويات

إذا كان النيكوتين هو ما يجعلنا مدمنين، فإن المواد التي تُطلق في أثناء احتراق السيجارة لا تقل ضررًا، وآثارها مع الأسف تبدو كقائمة طويلة من الأمور المختلفة التي لا يتعلق بعضها ببعض بالضرورة.

تلوث الرئتين

عند حرق التبغ تظهر مواد مهيجة، مثل الأسيتون والفينولات وحمض الهيدروسيانيك، وتهاجم الأغشية المخاطية في الجهاز التنفسي، وبالتالي تعدل من الطبقة المخاطية الهدبية التي تغطي القصبات الهوائية

والقصيبات، فضلًا عن أنها تضعف حماية الجدران السنخية، مما يجعلها أكثر حساسية للميكروبات والفيروسات الأخرى، ومن الواضح أن هذا يؤثر في القدرة على التنفس. من ناحية أخرى، يعزز القطران التهاب الشعب الهوائية، فهو المسؤول عن سعال المدخن، فضلًا عن أن أول أكسيد الكربون والأمونيا والمعادن الثقيلة الموجودة في أثناء الاحتراق تسبب ضررًا بالغًا للرئتين والحلق والجهاز التنفسي العلوي واللسان، إلخ. ويمكن أن يظهر السرطان، وكذلك الالتهاب الرئوي، والالتهابات من جميع الأنواع، مثل الربو أو الحساسية.

> **أضف إلى معلوماتك**
>
> **النيكوتين، ليس العامل الوحيد**
>
> إن تدخين علبة سجائر في اليوم يشبه استنشاق ما يعادل قدرين من زيت القطران.

فساد الأسنان

نحن لا نفكر في الأمر كثيرًا، لكن التبغ يؤدي أيضًا إلى تلف أفواهنا، حيث يسبب أو يفاقم أمراض اللثة (لا نتحدث هنا عن سرطان تجويف الفم، فهو ليس أكثر أنواع السرطانات شيوعًا). وبسببه يتفاقم التهاب اللثة الذي يصيب أنسجتها، ويمكن أن يتطور إلى صورة حادة تسمى «النخر التقرحي». يمكن أن يحدث أيضًا التهاب في دواعم الأسنان (مما يؤثر على الأنسجة الداعمة للأسنان، وحتى العظام)، ونتيجة لذلك، يحدث ارتخاء للأسنان. وخطر الإصابة بهذا المرض أعلى بأربع مرات لدى المدخنين! ويصبح علاج تسوس الأسنان البسيط أكثر صعوبة، ليس لأن التبغ يعمل بشكل مباشر، ولكن لأن التدخين يتسبب في انخفاض تدفق اللعاب الذي له قوة معادلة للبكتيريا. وحيث لا يوجد ما يكفي من اللعاب، يوجد مزيد من تسوس الأسنان! ويصبح العلاج أيضًا أكثر تعقيدًا مع تباطؤ ملحوظ في الالتئام في حالة الخلع أو وضع الغرسات.

> **أضف إلى معلوماتك**
>
> **أدمغة المراهقين أكثر عرضة للخطر!**
>
> تؤدي عمليات نضج الدماغ التي تستمر حتى سن 25 عامًا إلى تعرض المراهقين للخطر بشكل أكبر في مواجهة المواد ذات التأثير النفسي. ثمة منطقة معينة من الدماغ، قشرة الفص الجبهي، التي تساعد على اتخاذ القرار والتكيف السلوكي مع كل حالة، هي الأكثر عرضة للخطر. عندما نعلم أن هذا يمكن أن يؤدي إلى حالات اكتئاب، فعلينا ألا نعده أمرًا بسيطًا.

معاناة القلب

يتأثر نظام القلب والأوعية الدموية بالكامل، فتصبح «كفاءة» الشرايين أقل فأقل وتفقد قدرتها على التمدد، وتسري الدورة الدموية بصعوبة، ويصبح الأكسجين ضعيفًا في الدم، وتزداد كثافة الدم. ويمكن أن يؤدي ذلك إلى تكوين جلطة دموية تؤدي في النهاية إلى انسداد الشريان وتسبب النوبة القلبية أو السكتة الدماغية. بعد كل سيجارة، يرتفع ضغط الدم لمدة خمس عشرة دقيقة، وهو أمر ضار للغاية بالنسبة إلى عمل القلب.

تضرُّر المعدة

يعاني الجهاز الهضمي أيضًا. فالمعدة تعاني القُرح التي يتسبب فيها التدخين أو يفاقم من خطورتها. والكبد، وهو جهاز التنظيف الرئيسي، يتأثر كذلك بهذا الأمر، مع أهميته بوصفه عضوًا ضروريًّا في نقل العلاجات الدوائية، والكبد الكسول يعني أن المريض سيتعافى بصورة أقل أو لا يُشفى بالسرعة الكافية. ويمكن أن تضعف المثانة، فضلًا عن خطر الإصابة بالتهابات المسالك البولية المتكررة، وقبل كل شيء، الإصابة بالسرطان على المدى الطويل.

انخفاض الخصوبة

هناك بالفعل صلة بين العقم والتبغ، سواء بالنسبة إلى النساء أو الرجال. نعم! الآن توجد مساواة بين الجنسين، لأن السجائر تقلل من جودة وعدد الحيوانات المنوية، وكذلك من جودة وعدد البويضات، كما أنها تؤثر على جودة الانتصاب. إذا أصبح الدم أكثر كثافة، كما قلنا سابقًا، تصبح الشرايين غير فعالة، وبالتالي، تعمل بصورة أقل جودة في هذا الجانب.

النساء أكثر عرضة للخطر

نعم، خصوصًا عند تناول حبوب منع الحمل. فدراسة[2] منظمة الصحة العالمية تُظهر زيادة خطر الإصابة بالنوبات القلبية بنسبة 11 مع التدخين وحده، وبنسبة 87 عند الجمع بين التبغ (أكثر من 10 سجائر في اليوم) ووسائل منع الحمل عن طريق الفم. إنه مزيج متفجر حقيقي! ووجدت دراسة أخرى[3] أن النساء المدخنات اللاتي يتناولن حبوب منع الحمل أكثر عرضة للإصابة بتجلط الدم (جلطة في الدم يمكن أن تسد الشريان) بنسبة 8.8 أكثر من غير المدخنات.

ماذا عن المحيطين بي؟

إنه المنسي العظيم، الشخص الذي تصيبه بشكل غير مباشر كل الآثار الضارة للتبغ من دون إشعال سيجارة واحدة. كم من الأمهات الشابات اللاتي أقلعن عن التدخين لكن من دون ابتعاد فِعلي عنه، لأن أزواجهن رفضوا الاهتمام بالموضوع؟ حيواناتنا الأليفة هي أيضًا ضحايا منسية للتدخين السلبي، فقد أظهرت دراسة أجرتها جامعة جلاسكو[4] أن الدخان يمكن أن يسبب للحيوانات مشكلات في الجهاز التنفسي والسرطان وزيادة الوزن، مما يشكل خطورة على صحتها، فالحيوانات الأليفة لا تستنشق الدخان فحسب، بل تلعق شعرها الملوث ببقايا النيكوتين التي استقرت عليه.

تجعد الجلد

إذا لم يكن التبغ مسؤولًا على نحو صارم عن سرطان الجلد (فالشمس هي الأكثر خطورة، والواقي من الشمس يظل أفضل حليف لنا)، فقد ثبت الارتباط بين التدخين، المرتبط بالتعرض المتزامن للشمس، وزيادة خطر الإصابة بالسرطان. ناهيك عن أن إحدى الدراسات[5] أظهرت أن لدى المدخنين تجاعيد عميقة أكثر بثلاث مرات من غير المدخنين! ومن النقاط المهمة الأخرى التي تجدر الإشارة إليها بشأن تأثير التبغ على الجلد، أن بعض جراحي التجميل يجعلون الإقلاع عن التدخين شرطًا يجب تنفيذه قبل إجراء أي عملية، لتجنب إبطاء ظاهرة التئام الجروح، حيث يلعب النيكوتين دورًا ضارًا في إنتاج الكولاجين.

الثنائي الجهنمي: التبغ والحمل

الامتناع عن التدخين خلال أشهر الحمل التسعة أمر حتمي. لا شيء، ولا حتى سيجارة واحدة! فإن صحة طفلكِ على المحك، ولا مجال للمزاح هنا!

> ## تخلص
> ### من الأفكار المغلوطة!
> **التدخين أفضل من الإقلاع عنه والإصابة بالتوتر.**
>
> غالبًا ما نقرأ أنه من الأفضل للمرأة الحامل أن تسمح لنفسها بتدخين بضع سجائر في اليوم، بدلًا من الإصابة بالتوتر بسبب الإقلاع عن التدخين. لكن هذا خطأ! حيث ستدخن هذه السجائر المزعومة «المصرح بها» بشكل مكثف، وستظل ضارة في كل الأحوال.

الأم المستقبلية تخاطر كثيرًا

خطر حدوث إجهاض من الأسابيع الأولى

في بداية الحمل، يكون خطر الإجهاض التلقائي في المتوسط مضروبًا في 3. وبالنسبة إلى المرأة التي تدخن أكثر من علبة واحدة في اليوم، فهذا الرقم يصل إلى 5! فضلًا عن أن التبغ يضاعف من خطر الحمل خارج الرحم. وتظل هذه الحالة الطبية السبب الرئيسي للوفيات المرتبطة بالحمل في بلداننا الصناعية.

خطر الولادة المبكرة

في الثلث الأخير من الحمل، يظهر خطر الإصابة بالورم الدموي خلف المشيمة، حيث تلتصق المشيمة بنفسها في مكان منخفض جدًا في الرحم ثم تسبب نزيفًا خطيرًا. هناك خطر آخر، وليس الأخير، هو تمزق الأغشية قبل الأسبوع الرابع والثلاثين من انحباس الطمث، مما يسبب الولادة المبكرة، مع حدوث مخاطر على الطفل مثلما يحدث في أي ولادة مبكرة.

إذا تحدث الجنين فسيقول: «لا، شكرًا»!

الجنين في الرحم غير محمي من كل شيء في فقاعته، فهو يستقبل الأكسجين من دم والدته، وعندما تدخن الأم، يصبح دمها محملًا بأول أكسيد الكربون، وهو غاز سام على نحو خاص. وللنيكوتين أيضًا تأثير على شرايين المشيمة (يقلل حجمها) وعلى الشريان السري، مما يضعف الدورة الدموية. كل هذا يساهم في ضعف نسبة الأكسجين لدى الجنين. وغالبًا ما يصاب الجنين «المدخن» بتأخر النمو داخل الرحم، وانخفاض الوزن، وصغر في حجم الرأس أيضًا، وأكثر من ذلك إذا كانت هناك ولادة مبكرة.

أخبرني يا دكتور جوود

هل يمكنني الحصول على بديل في أثناء الحمل؟

يمكن وصف بدائل النيكوتين، لكن يجب أن يحدث ذلك بالاتفاق مع الطبيب المعالج، سواء في أثناء الحمل أو بعده، أو في أثناء الرضاعة الطبيعية (النيكوتين ينتقل مباشرة إلى حليب الثدي).

الفصل الثاني

قصتنا مع التبغ، قصة طويلة للغاية

إذا كان البشر يدخنون منذ زمن طويل (تثبت الاكتشافات الأثرية ذلك)، فنحن نعرف أيضًا أن التبغ أصبح تجارة منذ وقت طويل، لكنه ليس مفيدًا لصحتنا، والتسويق يتلاعب بنا كثيرًا!

النيكوتين ضربة فورية!

بضعة قرون فقط (مع الأسف) كانت كافية لتنجح أوراق التبغ نجاحًا كبيرًا على مستوى الكوكب، ونحن قد عرفنا بالفعل أضرارها.

الخطأ يتحمله كريستوفر كولومبوس!

عندما «اكتشف» الرحَّالة أمريكا، اكتشف قبل كل شيء شعبًا وثقافته، ثم اكتشف مزروعاته. يُزرع التبغ هناك منذ أكثر من ثلاثة آلاف عام، وهذا دليل على أن الإنسان لم يكن مضطرًّا إلى انتظار إعلان رعاة البقر بدء التدخين. لكن في ذاك الوقت، كانت السجائر (التي تشبه السيجاريلو) تُستخدم كنوع من أنواع العلاج، وتُستخدم أيضًا، مع القنب، على وجه الخصوص، في «الأنبوب الاحتفالي» الشهير، وهي لحظة مشاركة تشبه إلى حدٍّ كبير «الألعاب النارية» في عصرنا الحديث.

كنا ندخن بالفعل عند سفح الأهرامات!

بفضل التحاليل التي أُجريت على مومياوات الفراعنة المصريين، اكتُشفت آثار النيكوتين في عظامهم، كما حدث مع رمسيس الثاني. لكن التبغ نبات مستوطن في الأمريكتين؟! تفسير ذلك أن نبات التبغ لدى الفراعنة أصبح منقرضًا الآن، وكانت له الخصائص الكيميائية نفسها التي للتبغ، وكان يُستخدم في مراسم الصلاة وفي التحنيط.

ظهور التبغ بقوة منذ القرن السادس عشر

عاد رودريغو دي جيريز، رفيق كريستوفر كولومبوس، إلى الوطن، مصطحبًا إدمانه للتبغ. وقد خاف المواطنون من الدخان الذي يخرج من فمه وأنفه، مما كان سببًا للزج به في السجن بتهمة السحر! وقد عمد البابا أوربان الثاني، في نهاية القرن السادس عشر، إلى حظر التبغ في المباني الدينية، وهدد المدخنين بالحرمان الكنسي. وفي بلاد فارس قُطعت أنوف المدخنين. وفي اليابان حُكم عليهم بالعبودية. وفي الصين قُطعت رؤوسهم. ومع ذلك، لم يكن هناك شيء فعَّال، فقد اجتاحت السجائر كل القارات كالنار في الهشيم. وكان جيمس الأول، ملك إنجلترا، يكره التبغ، ولكي يثني رعاياه عن تناوله، فرض ضرائب كبيرة عليه. وعند ذلك، أدرك أن ضرائب التبغ يمكن أن تصبح مصدر ربح لا ينضب، وتبعه حكام آخرون.

الربح سابق على الصحة

هذه هي الحجة الأكثر استخدامًا اليوم: إذا كنا قد سمحنا للتبغ بأن يصبح مصدرًا للدخل، فلأننا لم نكن نعلم أنه مضر لصحتنا. هذا خطأ! وقد ذكر جيمس الأول في أحد كتبه (الكراهية المضادة للتبغ - 1604)، أن التدخين «عادة يرثى لها، مثير لاشمئزاز العيون، ومزعج للأنف، وخطير على الدماغ، وكارثي على الرئة». وفي عام 1857، نشرت لانسيت، التي كانت بالفعل المجلة الطبية الرائدة، مقالًا موقعًا من خمسين طبيبًا ألقوا باللوم على التبغ في الحد من بعض القدرات الفكرية، وظهور بعض الاضطرابات البصرية، حتى إنهم نسبوا إليه زيادة الجريمة.

مائتا عام من التلاعب لجعلنا أكثر إدمانًا

الإعلانات تحوِّله إلى دواء في القرن التاسع عشر

سيجارة ماري لونج
مع فلتر

بحلول نهاية القرن التاسع عشر، ومع ظهور الإعلانات، قُدِّمت السجائر كعلاج: مفيدة لمشكلات الرئة، والربو، ورائحة الفم الكريهة، فإذا كنتم تعانون واحدًا من هذه الأعراض، فالسيجارة هي الدواء الذي تحتاجون إليه! ثم جرى استهداف سوق الشباب من خلال السينما. ومن أجل التألق، فإن نجوم هوليوود كانوا يظهرون وهم يدخنون. وفي ذلك الوقت، خضع ثلثا الممثلين والممثلات الأعلى مرتبة في هوليوود، لعقود إعلانية مع العلامات التجارية للتبغ، وذلك في مقابل مبالغ هائلة.

إنه يقلل الشهية لدى النساء

في نهاية الحرب العالمية الثانية، غزت الإعلانات التلفزيونية حملات رعاة البقر الوحيدة والشهيرة. بالنسبة إلى النساء، لتوصيل الرسالة بصورة جيدة، ظهرت حجة التخسيس من خلال السجائر الصغيرة والرفيعة بالحجم الذي يعدون به، حتى إنها كانت تحمل أسماء

مجلات الموضة. وكان على المرأة العصرية في الخمسينيات من القرن الماضي أن تدخن لتبقى جميلة ونحيفة ومتألقة.

ليحدث الإدمان بصورة أكبر

إذا كان النيكوتين يجعلنا مدمنين بسرعة كبيرة، فقد حرصت الشركة المصنعة أيضًا على إضافة الأمونيا لتسهيل الاستنشاق من دون التسبب في السعال، مما يساعد على امتصاص النيكوتين. ويوجد أيضًا الكاكاو الذي يوسع الجهاز التنفسي، والمنثول الذي يعمل كمهدئ. لقد جرى عمل كل شيء لجعل هذه اللحظة ممتعة قدر الإمكان، ومن أجل وضع فكرة واحدة فقط في الحسبان: البدء من جديد.

السيجارة الخفيفة اختراع شيطاني!

مثل كثير من المشروبات الغازية الشهيرة، نقول لأنفسنا إنه إذا كان مكتوبًا على الملصق «خفيف»، فسيكون أقل ضررًا. وهذا خطأ فادح! فالتركيبة متطابقة تقريبًا، لكنه المرشح فقط، بفضل وجود ثقوب صغيرة، الذي يخفف الدخان قليلًا، وبالتالي، فإن النتيجة النهائية متطابقة. واليوم، هناك السجائر «العضوية» المصنوعة من التبغ العضوي أيضًا، وذلك يُعَد بدعة بقدر ما. وللتذكير، فإن احتراق النبات هو الذي يطلق العناصر المسرطنة. وسواء تناولت التبغ العضوي الملفوف أم لا، فهذا لن يغير من حالة رئتيك.

التبغ الملفوف يدويًا ليس الأفضل!

إنه أسوأ! بل أكثر ضـررًا. من المعروف أن السيجارة المصنعة تحتوي على نحو 1 مجم من النيكوتين، بينما تحتوي السيجارة الملفوفة أو الأنبوبية على 2 مجم تقريبًا. وهذا يعني أن سيجارة واحدة ملفوفة تساوي سيجارتين مصنعتين. وغالبًا ما يكون ذلك صحيحًا، خصوصًا عندما تقاس كمية أول أكسيد الكربون التي تخرج مع دخان السيجارة. ومن المعروف أيضًا أن هناك موادَّ تضاف إلى ورق التبغ الذي يُلف لمنعه من التكتل. وعندما يُلف، يكون معبأ بشكل سيئ، ويصبح احتراقه أقل، وتنطفئ السيجارة غالبًا، وتحتوي المركبات غير المحترقة على مزيد من المواد السامة، خصوصًا أن التبغ الملفوف غالبًا ما يُستهلك بلا مرشح. باختصار، مدخنو السجائر الملفوفة يبتلعون ضعف كمية أول أكسيد الكربون. لكن الأمر في نهاية المطاف يعتمد أيضًا على كيفية التدخين: هل نسحب من السيجارة بقوة أم لا؟ وفوق كل شيء، هل نضيف «أعشابًا» أخرى على التبغ ليست مفيدة لصحتنا؟!

استخدامها خطير منذ 1976

في عهد وزارة سيمون فاي (1976)، خرج إلى النور أول قانون لمكافحة التدخين. ومن ثَمَّ، بدأت عبارة «استخدامها خطير» تظهر على عـبـوات الـسـجـائـر. وجـرى حظر الدعاية المباشرة أو غير المباشرة للسجائر، وكذلك حظر التدخين في بعض الأماكن العامة (أماكن وجود القاصرين، والمستشفيات، إلخ)، مع رعاية المسابقات الرياضية. ولكن، كان علينا الانتظار حتى أكتوبر 1986، حتى تختفي السجائر العادية من العبوة العسكرية.

الفصل الثاني: قصتنا مع التبغ، قصة طويلة للغاية 19

الفصل الثالث

هل حاولت الإقلاع عن التدخين؟ تملك كل شيء لبلوغ ذلك!

الإقلاع عن التدخين مفيد لصحتك، ولم يفت الأوان لفعل ذلك على الإطلاق! نعم، غالبًا ما يكون الأمر صعبًا، وفي بعض الأحيان يتعين عليك تكراره عدة مرات، لكنه تحدٍّ يستحق المحاولة.

يجب أن نوقف الأعذار الكاذبة!

في الحقيقة، الإقلاع عن التدخين ليس أمرًا سهلًا. دعنا نعترف بذلك بدلًا من محاولة اختلاق الأعذار الكاذبة مثل: «إنني أرغب في المحاولة، لكنني متأكد أنني لن أصل إلى ذلك أبدًا».

لا بأس، أنا لا أدخن كثيرًا

يمكن لهذا العذر أن ينضم إلى أعذار أخرى، مثل: «لا بأس، أنا أدخن في المساء فقط»، «تكفيني علبة واحدة عدة أيام». حسنًا، هذا دليل واضح على أنك لست مدمنًا، وأنه يمكنك الإقلاع عن التدخين وقتما تشاء، فلماذا لا تهتم بالموضوع الآن، خصوصًا أن صحتك لا تزال جيدة؟ حسنًا، لا! حتى المدخنون «المقلون» لديهم مخاطر تتعلق بأمراض القلب والأوعية الدموية والتي لا يمكن إهمالها. معدل سيجارة إلى خمس سجائر في اليوم يزيد من مخاطر الإصابة بأمراض القلب بنسبة 48% لدى الرجال و57% لدى النساء!

أبلغ من العمر خمسين عامًا، فات أوان الإقلاع عن التدخين

في عام 2019 في فرنسا، بلغ متوسط العمر المتوقع من لحظة الولادة 79.8 عامًا للرجال و85.7 عامًا للنساء. بعد عام واحد فقط من سحق آخر سيجارة لك، سينخفض خطر إصابتك بنوبة قلبية إلى النصف! لذلك، لا يوجد عمر معين للإقلاع عن التدخين والعيش أطول فترة ممكنة بصحة جيدة. الأمر إذن يحتاج إلى المخاطرة، ويستحق كل هذا العناء.

إنه ليس أسوأ من تلوث الهواء الذي نتنفسه

حجة واهية لا تصمد كثيرًا. يرجى ملاحظة أن هذا لا يعني التقليل من ضرر غازات العوادم وغيرها، لكن الأرقام تثبت أنه حتى لو كان لها دور في ظهور بعض أنواع سرطانات الرئة، فإنها تظل في حدود 5%. في حين أن 8 من أصل 10 سرطانات لدى الرجال و7 من أصل 10 سرطانات لدى النساء تنتج عن التدخين. وبالتالي، يمكننا أن نرى بوضوح الفرق بين الخطرين.

أمارس الرياضة، وهي تمحو آثار التبغ، أليس كذلك؟

على الرغم من أنه أمر نادر الحدوث، لكن أحيانًا نفاجأ برياضي يحمل سيجارة، والحجة: «لا بأس، أنا أتحرك حتى أستطيع أن أفعل ما أريد». مع الأسف! مرة أخرى، هذا غير مقبول! فبين القصبات الملتهبة بالسجائر وأول أكسيد الكربون الذي يؤدي إلى اختناق العضلات والرئتين والقلب، تكون فترة التعافي أطول بكثير، ويزداد خطر الإصابة بتجلط الدم، وكذلك التشنجات. لذا، فممارسة الرياضة، حتى لو كانت بانتظام، لا تمحو تأثير السجائر على أجسادنا، بكل تأكيد.

إذا أقلعت عن التدخين فسيزداد وزني

تتحدث الأرقام عن متوسط 3 كجم زيادة في الوزن خلال الأسابيع التالية للإقلاع عن التدخين، لكن هذه الأرقام ليست حتمية بأي حال من الأحوال! فمع اتباع النصائح الغذائية الدقيقة، وممارسة نشاط بدني منتظم، لا يوجد سبب يدفع عقارب الساعة إلى الاتجاه الخطأ. فضلًا عن ذلك، إذا كانت السجائر ذات تأثير بالفعل في تقليل الشهية (إذا أردنا أن نقول ذلك) فهل كل المدخنين يرتدون مقاس 34 كالفتيات الصغيرات؟!

إذا أقلعت عن التدخين فسأكون شخصًا لا يُحتمل!

يصاحب الإقلاع عن التدخين بعض الأعراض، لذلك من المرجح أن يكون له تأثير مباشر على الحالة المزاجية اليومية، لكن هذا هو بالضبط المكان الذي سيلعب فيه من حولك دورهم الداعم. فقرة صغيرة لتحذير الجميع، وسيتحسن كل شيء، سيساعدك أقاربك المتفهمون ويشجعونك!

تخلص

من الأفكار المغلوطة!

لا بأس، ما زلت شابًا ولديَّ مزيد من الوقت!

لا، ليس لديك الوقت لاتخاذ القرار الصحيح بشأن صحتك! 80% من ضحايا النوبة القلبية تحت سن الخامسة والأربعين من المدخنين. وهذا ما يجعل التبغ العامل الأول في خطر الإصابة بأمراض القلب والأوعية الدموية لدى الشباب!

حاولت بالفعل لكنني فشلت

قال هنري فورد: «الفشل هو مجرد فرصة لفعل الشيء نفسه مرَّة أخرى بشكل أكثر ذكاءً». إذا كنت قد حاولت، فقد نجحت جزئيًّا. ثمة طريقة إيجابية أخرى للنظر إلى الحقائق: قبل كل شيء، تأكد من تحليل الأحداث التي تسببت في حدوث الفشل. سيسمح لك ذلك بإعداد إجراءات وقائية منذ البداية لهذه المحاولة الجديدة التي ستنجح هذه المرَّة! قد تكون هناك عقبات في إبرام العقد مع النفس، لكنها يجب ألا تؤثر على العملية بأي شكل من الأشكال. تسقط وتنهض وتحلل الحقائق بهدوء، ثم تعود على ظهر حصانك على الفور مثل أي فارس عظيم يعتز بنفسه.

إذا أقلعت عن التدخين فسأفقد جزءًا من هويتي

التدخين لغة وطريقة للحياة والوجود. غالبًا ما يكون إشعال السيجارة الأولى هو أول قرار «للبالغين» يتخذه المراهق. وهو طريقة للاندماج في مجموعة أخرى، مجموعة المدخنين. تصبح السجائر «صديقة»، وأحيانًا تكون نوعًا من الإلهاء، أو اللعبة التي تلهي، والتي نحملها معنا طوال الوقت، من دون أن ندرك أنها تؤذينا. من المفارقات الغريبة أنها تتحول إلى نسمة من الهواء النقي، في حين أنها في الواقع تحرمنا من ذلك تمامًا. إن امتلاك الشجاعة للإقلاع عن التدخين هو في الواقع أن تصبح لاعبًا حقيقيًّا في حياتك. إنه يثبت أيضًا لمن حولك أنك تمكنت من فعل ذلك، أنك أصبحت كيانًا جديدًا. بالإقلاع عن التدخين، لن تضل طريقك، وستجد نفسك!

بعد سحق آخر سيجارة، ستشعر بتحسن!

كمية أقل من القطران والمواد الضارة. بدأ جسمك يشعر بالفعل بالآثار الإيجابية (انظر الصفحة المقابلة). يا له من تأثير سريع!

على المدى الطويل

بالنسبة إلى الأمراض الخطيرة، سيحتاج الأمر إلى مزيد من الصبر. يستغرق الأمر عامًا بعد الإقلاع عن التدخين حتى ينخفض خطر الإصابة بالنوبة القلبية إلى النصف، وخمسة أعوام حتى يصل خطر الإصابة بالسكتة الدماغية إلى مستوى غير المدخن، وعشرة أعوام حتى تصل مخاطر ما يسمى بـ«سرطانات المدخنين» إلى النصف. وكلما توقفت أسرع، أصبح الوقت في صالحك!

فوائد الإقلاع عن التدخين

بعد 20 دقيقة

يعود ضغط الدم ببطء إلى طبيعته، ويتباطأ النبض، ويعمل القلب بصورة أفضل، وتتحسن الدورة الدموية، وتصبح اليدان والقدمان أقل برودة.

بعد 8 ساعات

تعود أكسجة الخلايا إلى طبيعتها، وتنخفض كمية أول أكسيد الكربون في الدم إلى النصف.

بعد 24 ساعة

ينخفض خطر الإصابة بالنوبة القلبية، وتبدأ الرئتان في إزالة المخاط وبقايا الدخان. وفوق كل شيء، يتخلص الجسم من النيكوتين لأنه (هل تتذكر هذه المعلومة؟) يجري التخلص منه عن طريق البول.

بعد 48 ساعة

نظرًا إلى أن نهايات أعصاب التذوق بدأت بالفعل في النمو مرَّة أخرى، فإن حاسة التذوق ستتحسن. هذه هي الحال أيضًا بالنسبة إلى حاسة الشم.

بعد 72 ساعة

يصبح التنفس أسهل، وتبدأ الشعب الهوائية أخيرًا في الاسترخاء، وتعود الطاقة شيئًا فشيئًا.

بعد شهرين

يصبح الإدمان الجسدي للنيكوتين مجرد ذكرى سيئة.

بعد 6 أشهر

يختفي الإدمان النفسي في معظم الحالات. يمكن أن يصل ذلك إلى عام واحد بالنسبة إلى أكبر المدمنين.

الأدوات التي تساعدك في الإقلاع عن التدخين

إذا كان الهدف الأمثل بالنسبة إليك هو فعل كل شيء للإقلاع من دون اللجوء إلى أي بديل، فهناك عدة أنواع يمكن أن تكون مفيدة للغاية.

البدائل التي تعوض

تقدِّم جرعة من النيكوتين، وبالتالي تسمح بعدم الشعور بالنقص والتحرر تدريجيًّا من السيجارة.

اللاصقة: الوسيلة الأكثر اعتدالًا

نلصقها ثم ننساها، وهي واحدة من أفضل وسائل الإقلاع عن التدخين، شريطة تقليل الجرعة تدريجيًّا، حتى لا تصبح مدمنًا لها، مما يؤدي إلى نتائج عكسية تمامًا. لذلك، فإن الأمر المثالي في كثير من الأحيان هو الحصول على مساعدة من أخصائي صحي لتأسيس بروتوكول إقلاع فردي وملائم.

المميزات

- ثبتت فعاليتها علميًّا من خلال كثير من الدراسات العلمية.[6]
- تقدِّم النيكوتين بصورة أبطأ من العلكة، وبصورة أكثر ثباتًا وأطول أيضًا.
- فعَّالة في إدارة تقلبات المزاج وصعوبة التركيز.
- اللاصقة لمدة 24 ساعة تُعَد أداة مفيدة للغاية لأعراض الإقلاع عن التدخين الصباحية.

العيوب

- يمكن أن تسبب احمرارًا موضعيًّا، يستغرق نحو 48 ساعة ليختفي بعد إزالتها.
- إذا وُضعت ليلًا، فإنها تتسبب في اضطراب النوم أحيانًا.
- هناك بعض الآثار الجانبية النادرة، مثل: الغثيان، والصداع، وزيادة معدل ضربات القلب. قبل كل شيء، لا تنسَ ذكرها إذا كنت في حاجة إلى استشارة طبيب.

العلكة: تخفف من الرغبة الشديدة

أقل سرية من اللاصقة، لكنها ليست أقل فعالية، ويمكنها التعامل مع الحاجة الملحة «لتدخين سيجارة». يمكن أن يظنها من حولك مجرد علكة عادية، ولا يأخذونها على محمل الجد. لكن تجب المراقبة الطبية، ويجب تقليل الجرعة مع مرور الوقت، وتنفيذ بروتوكول الإقلاع عن التدخين تحت إشراف أخصائي التبغ أو الطبيب المعالج.

المميزات

- أثبتت فعاليتها علميًّا، وأنها تساعد على التحكم في زيادة الوزن.
- تخفف سريعًا مشاعر الهياج والرغبة الشديدة في تناول الوجبات الخفيفة. باختصار، تتعامل مع المضايقات الصغيرة التي يمكن أن تحدث في أثناء عملية الإقلاع عن التدخين، شريطة أن تكون الجرعة المناسبة، حتى لا تصبح، مرة أخرى، مدمنًا العلكة.

العيوب

- يمكن أن تسبب تهيج الفم، وحموضة المعدة، والإفراط في إفراز اللعاب، وربما القيء، خصوصًا إذا كنت معتادًا المضغ بسرعة كبيرة. ثمة تعليمات محددة للاستخدام يجب اتباعها بعناية إذا كنت تريد حقًّا الاستفادة من فعاليتها وتفادي آثارها الجانبية.
- كما هي الحال مع اللاصقات، قد تلاحظ اضطرابات في النوم، خصوصًا إذا مضغتها قبل النوم مباشرة.
- يمكن أن تسبب الصداع أيضًا، وفي حالات نادرة تسبب الخفقان، والشعور بالضيق أو ألم الصدر (الرجفان الأذيني القابل للزوال). ومع ذلك، يصعب أحيانًا التمييز بين الأعراض الناتجة عن الإقلاع عن التدخين، وأعراض الآثار الجانبية، ويجب إبلاغ الطبيب المعالج على الفور.

الأدوية المساعدة

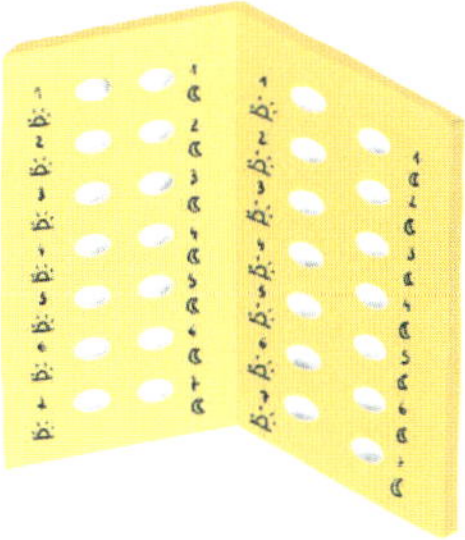

نعرفها بأسمائها التجارية: «الزيبان» و«الشامبكس»، التي أُدخلت بشكل ملحوظ في قائمة أدوات الإقلاع عن التدخين المتاحة للمدخنين. يجب استخدامها باعتدال وليس كجزء من التطبيب الذاتي! ويجب النظر في أمرها على أساس كل حالة على حدة، وتناولها تحت الإشراف الحصري للطبيب المعالج.

المميزات

- ثبتت فعاليتها بالنسبة إلى المدخنين بشراهة.
- «الزيبان» دواء مضاد للاكتئاب ذو تأثيرات نفسية، اكتُشف مصادفة أنه ذو تأثير مضاد للتدخين لدى مرضى الاكتئاب الذين أقلعوا عن التدخين بلا صعوبة. احسب شهرين من العلاج تحت إشراف طبي صارم.
- يمنع «الشامبكس» النيكوتين من الترسب في المستقبلات العصبية. لا مزيد من التحفيز، لا مزيد من المتعة في التدخين. في هذه الظروف، من الأسهل عليك أن تتوقف نهائيًّا عن التدخين. ومن دون القدرة على تفسير ذلك، هو أكثر اعتدالًا وفاعلية عند الرجال منه عند النساء. احسب شهرًا إلى ثلاثة أشهر من العلاج للإقلاع التام.

العيوب

- بالنسبة إلى «الزيبان» فالقائمة طويلة، لكنها تنضم إلى قائمة الطرق الأخرى: الغثيان، والدوخة، وعدم انتظام ضربات القلب، والأرق، والكوابيس، وخطر النوبات، وارتفاع ضغط الدم، وما إلى ذلك. يُرجى العلم أنه لا يتوافق مع علاجات معينة، لذلك يجب أن يُتناول تحت الإشراف الطبي.

- بالنسبة إلى «الشامبكس» نجد دائمًا المخاطر نفسها، لكن هناك أيضًا أفكارًا انتحارية! واليوم، لم يُثبت ارتباطها بالدواء بصورة واضحة، وثمة دراسة كبيرة أُجريت على مدى عدة سنوات تميل إلى إثبات أن هشاشة المقلع عن التدخين يمكن أن تلعب دورًا. ويجدر القول إن المتابعة الطبية الصارمة ضرورية للغاية!

التنويم المغناطيسي للتخلص من الرغبة في التدخين

تجدر الإشارة إلى أننا نتحدث عن التنويم المغناطيسي الطبي، وليس التنويم المغناطيسي الذي يمكن أن يقودك إلى مشهد ليلي يوم السبت لعزف الكمان وأنت تقلد الكلب!

المميزات

- أظهرت دراسة أمريكية (2007)[7] تهدف إلى مقارنة فعالية الطرق المختلفة للمساعدة على الإقلاع عن التدخين، قيمة التنويم المغناطيسي في استراتيجية الإقلاع عن التدخين، سواء كانت معاكسة أو مرتبطة ببدائل النيكوتين، ومع ذلك لا تزال لمنظمة الصحة العالمية تحفظات على هذا الموضوع.
- تختلف الأساليب من ممارس إلى آخر: اقتراح سلوك جديد، والإسقاط على الماضي حيث لم تكن السجائر جزءًا من المشهد، أو على العكس من ذلك، التطلع إلى مستقبل بلا إدمان، ويمكن أن يسير هذا بصورة جيدة مع التنويم المغناطيسي الإريكسوني (الذي يسمح بالتواصل مع الذات والوصول إلى الموارد والمهارات اللاواعية بفضل كثير من الأدوات المتاحة للممارس)، لحالات النشوة الخاضعة للرقابة.
- يمكن أن يرافق العلاج المعرفي والسلوكي الذي يهدف إلى تعديل السلوك السلبي إلى سلوك أكثر إيجابية. وثمة قاعدة كلاسيكية رائعة تقول: استعض عن «السيجارة - القهوة» بفرشاة الأسنان وما يصاحبها من إحساس رائع منعش.

العيوب

- ليس من السهل دائمًا العثور على الممارس المناسب. وما يصلح لشخص ما ليس بالضرورة مناسبًا لك.
- لا يغطي الضمان الاجتماعي الجلسات، ويمكن أن تختلف التكلفة من ممارس إلى آخر. لا تنسَ قبل تحديد الموعد أن تسأل عن السعر على وجه الخصوص، حتى تتجنب المفاجآت غير السارة.
- تهتم بعض الصناديق التعاونية بسداد تكلفة بعض الجلسات، لذلك لا تتردد في طرح السؤال.

> **أين أجد ممارس التنويم المغناطيسي؟**
>
> يوجد اليوم معهد فرنسي للتنويم المغناطيسي، مما يجعل من السهل العثور على ممارس مرجعي بالقرب من مقر إقامتك. يمكنك الاطلاع على هذا الموقع:
> www.hypnose.fr

أخصائي التبغ محترف يعرف وظيفته!

مـاذا لـو، بكل بساطة، توجهت إلـى أحد المحترفين الذين تابعوا دراسات متخصصة، ولديهم الخبرة والمعرفة اللازمتان لتقديم الدعم المطلوب خلال عملية الإقلاع عن التدخين؟ طبيب تلقى التدريبات، ثم أصبح متخصصًا في الإدمان، إنه ليس مؤهلًا فحسب لوضع تقرير دقيق للحالة، بل أيضًا لاختيار الأدوات المناسبة للعلاج، وفوق كل ذلك، يجري سداد تكلفة الجلسات على أساس استشارة طبية!

خدمة معلومات التبغ
الرقم الذي يغيِّر الحياة!

إنها أفضل حليف للإقلاع عن التدخين الخاضع للإشراف المؤطر المدعوم والمستنير. سواء كنت تبحث عن متخصص في التبغ، أو معلومات عن طرق مختلفة للإقلاع عن التدخين، أو كنت في حاجة إلى أذن مستمعة في لحظة الشك، فهذه الخدمة متوفرة بين يديك. بالنسبة إلى من هم أكثر اتصالًا، جرى إطلاق تطبيق يمكن تثبيته على وجه السرعة على الهواتف الذكية!
يمكن الاطلاع على هذا الموقع:
www.tabac-info-service.fr
أو على 39-89.

الفصل الرابع

هل السيجارة الإلكترونية حل سهل ومثالي للإقلاع عن التدخين؟

خلال بضع سنوات، حققت السيجارة الإلكترونية دخولًا مثيرًا إلى عالم التدخين. رُفضت في البداية، ثم أُشيد بها، والآن يدينها البعض. حسنًا، ثمة إيجابيات وسلبيات، فهيا بنا لنعرف التفاصيل.

السيجارة الإلكترونية حليفة الإقلاع عن التدخين

دخان أو بخار، لا يوجد احتراق

طُرحت السيجارة الإلكترونية في الأسواق الفرنسية في عام 2011، وهي قبل كل شيء جهاز إلكتروني يُنتج البخار عن طريق التسخين بلطف، من دون احتراق، لسائل ذي نكهة. يستنشق مستخدمها هذا البخار مثل دخان سجائر التبغ. تُغذَّى بزجاجات سائلة مكونة من البروبيلين جليكول (مادة لزجة، يجري الحصول عليها من البتروكيماويات، وليس لها رائحة أو طعم أو لون، وتُستخدم في مجالات مختلفة، مثل: صناعة المواد الغذائية، ومستحضرات التجميل، وصناعة الأدوية)، والجلسرين النباتي، والنكهات المختلفة، وربما النيكوتين، حيث لا ننسى أن فكرة كونها «أداة للإقلاع عن التدخين» هي نقطة البيع الرئيسية للسجائر الإلكترونية. هناك أكثر من سبعة آلاف نكهة مختلفة، ومن الصعب عدم العثور على نكهتك المفضلة.

من أجل الصحة، فإنها مختلفة في كل شيء

بحكم الأشياء، ونظرًا إلى أن طريقة التشغيل مختلفة تمامًا، فإن التأثيرات مختلفة أيضًا: تعود أكسجة الخلايا إلى طبيعتها، وتنخفض كمية أول أكسيد الكربون في الدم بمقدار النصف، وفقًا للدراسات الأولى. ونحن لا نجد في السيجارة الإلكترونية الزرنيخ والكروم وغيرهما من المواد البنزينية التي تسبب السرطانات المرتبطة بالتبغ، لذا فمن المنطقي أنها تقلل خطر الإصابة بالسرطان. وبخصوص مكونات السائل المتبخر،

البروبيلين جليكول، فهو أيضًا يضاف إلى المواد الغذائية، ولم يُظهر أي سمية على المدى القصير عند درجة حرارة 60 درجة مئوية. وبالنسبة إلى الجلسرين، فيجب رفع درجة حرارته إلى 250 درجة مئوية لرؤية التأثيرات السامة، التي من الواضح أنها بعيدة كل البعد عن درجة حرارة السجائر الإلكترونية.

مكونات السيجارة الإلكترونية السائلة

احصل على جرعتك المثالية

لن يكون عليك العثور على مذاقك المفضل فحسب، لكن قبل كل شيء، ستحتاج إلى العثور على الجرعة المثالية من النيكوتين لتحقيق هدفك الأساسي الذي يجب ألا يغيب عن بالك أبدًا، ألا وهو الإقلاع عن التدخين بجميع أشكاله. مع استهلاك السجائر التقليدية، تعلَّم دماغ المدخن أن يطالب بـ«جرعته المثالية» من النيكوتين، وسيحتاج هذا النمط الجديد من الاستهلاك حتمًا إلى بعض الوقت للتكيف، حيث إن السوائل المعروضة تحتوي على تركيزات مختلفة من النيكوتين، تبدأ من صفر وحتى جرعة قوية للغاية (21 مجم/مل). لذلك يجب الانتباه جيدًا لأي أعراض لجرعة زائدة قد تظهر، مثل الصداع النصفي المصحوب أحيانًا بالغثيان أو حتى الدوخة. والوضع المثالي بالطبع هو التأكد من تقليل كمية النيكوتين تدريجيًّا، وإلا فإن كل هذا سيكون بلا فائدة.

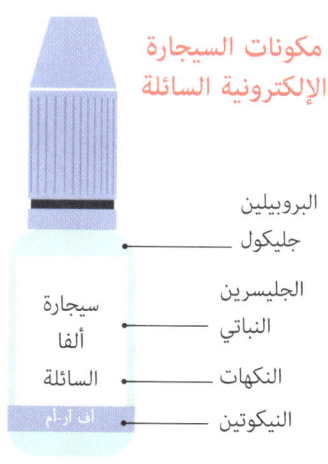

نصيحة الدكتور جوود المُثلى!

ستُدرك أنه إذا كانت السيجارة الإلكترونية أقل خطورة بكثير من السيجارة «الحقيقية»، فإنها ليست بريئة تمامًا أيضًا. لذلك، عليك أن تكون حريصًا على التعامل معها بطريقة مدروسة، وجعلها أداة انتقالية للمساعدة في الإقلاع عن التدخين نهائيًّا، مثل اللاصقة أو العلكة. ويجب ألا يغيب عن بالك الهدف الرئيسي، وهو وضع نهاية للإدمان.

هل هذا هو الحل المثالي إذن؟

ليت الأمر بهذه البساطة! فالإقلاع عن التدخين ليس الرغبة في التخلي عن منتج التبغ فحسب، بل يتعلق أيضًا بالرغبة في ترك الإدمان. وإذا تحولت عن سيجارة التبغ إلى إدمان شيء آخر، فلن تتحقق النتيجة المطلوبة. كما تعلم، فإن حركاتك وأفعالك في أثناء التدخين من الصعب التخلي عنها مثل السيجارة نفسها. لكن مع هذا البديل، ستحافظ على جميع الطقوس، وستتحمل خطر الانتكاسة بسهولة أكبر إذا نفد السائل يومًا ما، أو لم تعد السيجارة مشحونة.

تحفُّظ آخر: من وجهة نظر طبية بحتة، هناك خطر متزايد للإصابة بالتهابات وأمراض اللثة (الفم واللثة والأسنان). فبعض السوائل أيضًا تحتوي على ثنائي أسيتيل، وهو جزيء يلعب دورًا ضارًّا في الرئتين، لذا تأكد من قراءة التركيبة بعناية قبل شرائها. وتبقى مشكلة النيكوتين الذي يستمر في لعب دوره في زيادة مخاطر القلب والأوعية الدموية، سواء على شكل نوبة قلبية أو سكتة دماغية.

هل هي أفضل للرئتين؟

في هذا الشأن، ليس هناك مجال للشك! سيُخبرك أي شخص يتحول عن السيجارة الكلاسيكية إلى السيجارة الإلكترونية بأن سعال الصباح قد اختفى! ليس هذا فحسب، بل إن المعهد الوطني للسرطان اعترف بفائدتها وفعاليتها في مكافحة سرطانات الجهاز التنفسي. لكن، لا تزال هناك مشكلة إدمان النيكوتين التي لم تُحل، لأنه من النادر جدًّا أن يختار المدخن منتجًا إلكترونيًّا لا يحتوي على النيكوتين. لا نعرف كثيرًا عن هذا الأمر، لكن التحول إلى سائل بلا نيكوتين لن يكون «ممتعًا» على الإطلاق، وسيحتاج الأمر إلى فترة تكيف جديدة لا تشجِّع معظم مستخدمي السيجارة الإلكترونية.

لم نعرف كل شيء بعد

بعد إطلاق أشاد به كثير من المهنيين الصحيين، بدأت منظمة الصحة العالمية في انتقاد السيجارة الإلكترونية بشدة، مما أثار الشكوك لدى البعض. ونحن نحاول أن نعرف الأمور بصورة أكثر وضوحًا.

خلاصة القول

نحن نفتقر إلى المعرفة المستقبلية

السيجارة الإلكترونية ليست دواءً، فهي لم تخضع قَطُّ لأي دراسة إكلينيكية حول الآثار الجانبية المحتملة قبل طرحها في الأسواق. لكن البحث يتقدم عامًا بعد عام، ويجري جمع المعلومات من تعليقات المستخدمين. ربما في غضون عشر سنوات سنكتشف أنها مصدر للسرطان أو أي مرض آخر، وربما لا.

التدخين الإلكتروني ليس متشابهًا في كل مكان

في يوليو 2019، نددت منظمة الصحة العالمية بمخاطر الوفاة نتيجة لإصابات الرئة الخطيرة لدى مستخدمي السيجارة الإلكترونية. الحالات المشار إليها في الولايات المتحدة فقط، كانت بعد تسويق عبوات تحتوي على الماريجوانا (بصورة قانونية أم لا، ذلك حسب الولاية). وفي فرنسا المنتجات المدروسة ليست المنتجات المطروحة نفسها.

ثمة مخاطر بكل تأكيد

هذه المرَّة، أدانت بحقٍّ منظمة الصحة العالمية المخاطر التي يتعرض لها المراهقون، والأجنة لدى النساء الحوامل، الذين تتعرض أدمغتهم في طور النمو إلى النيكوتين. فإذا كانت السيجارة الإلكترونية حلًّا لتسهيل الإقلاع عن التدخين، فيجب عدم استخدامها في المقام الأول على وجه الخصوص.

الوصفة الصحية

لتحفيز نفسك والإقلاع عن التدخين نهائيًّا، تذكَّر هذه النصائح

1. **الإقلاع عن التدخين مفيد لرئتيك، ولجسمك كله:** في غضون أسابيع قليلة، سيقدِّم لك جسمك كله الشكر الجزيل!

2. **زيادة وزنك ليست حتمية:** نعم، يمكن أن يزيد وزنك، لكن من خلال تبني ردود الفعل الصحيحة على الفور، ستكون هذه الزيادة محدودة، ولن تكون نهائية على الإطلاق. ومَن يدري، قد لا تزيد جرامًا بفعل اتباعك النصائح الغذائية والتحرك يوميًّا!

3. **خذ وقتًا كافيًا لتقييم عاداتك:** فالإقلاع الناجح عن التدخين، يتطلب أولًا أن تفهم وتحلل رغباتك واحتياجاتك حتى تتمكن من تبني الفعل الصحيح فورًا، وبالتالي وضع كل فرص النجاح إلى جانبك.

4. **يحق لك طلب المساعدة:** سواء من مهني، أو صديق، أو مدخن سابق في محيطك. فالإقلاع عن التدخين عمل شجاع يتطلب قوة إرادة ثابتة في جميع الأوقات، وليس الأمر سهلًا دائمًا، ولديك الحق في الانهيار. لذلك، من الجيد أن تستفيد من أي مساعدة وألا تحرم نفسك من ذلك.

5. **يجب أن تستعد للإقلاع عن التدخين:** إنه في الرأس، لكنه أيضًا في أدراج المكتب، وفي جراب القفازات في السيارة، وفي الحقيبة... للبدء، يجب أن تكون لديك دائمًا خطة بديلة في حالة حدوث انهيار.

الجزء الثاني

تدريبات الدكتور جوود!

إن اتخاذ قرار بين عشية وضحاها لسحق سيجارتك الأخيرة من دون توقُّع أي شيء، ليس فكرة جيدة. الإرادة موجودة، وهذا رائع، لكنها ستنجح مع مرور الوقت، الذي يجب أن تستغله على نحو صحيح تمامًا قبل أن تقفز قفزتك الكبيرة. فهل أنت مستعد لذلك؟

الفصل الأول

أسبوعٌ للاستعداد

الأسبوع الأول سيكون بالغ الأهمية، إنه الأسبوع الذي سنجهز فيه العملية بالكامل، مستخدمين القواعد التي تضمن نجاحها: التنظيم اللوجستي، والنفسي، والغذائي، والبدني.

يجب أن تنظم نفسك أولًا

عليك اختيار التوقيت المناسب

حان الوقت الآن لإخراج التقويم الخاص بك لتحديد التاريخ بدقة «لليوم الأول من حياتك الجديدة الخالية من السجائر». يمكن أن يكون تاريخًا رمزيًّا: عيد ميلاد، الأول من يناير، أول يوم عطلة، لحظة قوية بما يكفي لتحفيز الذات ولها معنى حقيقي. يمكن أن يكون هذا الأسبوع أيضًا هو الأسبوع الذي تبدأ فيه التقليل من التدخين، واختبار بديل. الفكرة هي أن يكون كل شيء جاهزًا لليوم الكبير! يجب أن تعلم أيضًا أن الإقلاع عن التدخين سيغير مزاجك. في الأسابيع الأولى، يمكن لظاهرة الاحتياج (التي ستعوضها في أحسن الأحوال) أن تجعلك أكثر انفعالًا مع زملائك في العمل، ومع أسرتك أيضًا. لماذا لا تفعل ذلك في بداية إجازتك الصيفية؟ عندها يمكنك بسهولة إعداد نظام غذائي جديد، أو جلسات تمارين منتظمة، أو حتى التأمل. إن إضافة توتر إلى توتر ليست فكرة جيدة.

إذا اخترت شهر نوفمبر

في كل عـام، في هـذا التاريخ، يُنظَّم «شهر من دون تبغ» لتشجيع المدخنين على سحق آخر سيجارة لهم معًا. تطبيق مخصص، وصفحة على الفيسبوك، ومقاطع فيديو: كل شيء يجري تنفيذه لمساعدتك على عدم الانهيار، بفضل تأثير المجموعة. هذه هي الخطة الصحيحة للمدخن شديد الإدمان الذي سيحتاج إلى دعم وتحفيز عدة أشخاص في أثناء فترة الإقلاع عن التدخين.

الإقلاع عن التدخين: لفتة بيئية مطلوبة!

عدد أعقاب السجائر التي ينتهي بها المطاف في البيئة الطبيعية في فرنسا وحدها أربعون مليار عقب في السنة. في هذه الأعقاب نجد أكثر من أربعة آلاف مادة كيميائية، بما في ذلك البلاستيك والرصاص والزئبق والزرنيخ وحتى المبيدات الحشرية. من المجاري إلى مياه البحر، وعقبٌ واحدٌ قادر على أن يلوث أربعمائة لتر من المياه، ويستغرق تحلله اثني عشر عامًا على الأقل! إنها حجة بالغة من المفترض أن تثير اهتمام المدخن معتدل الإدمان.

عليك تحليل استهلاكك بالتفصيل

مثال ملموس: متى تشعل سيجارتك الأولى؟ وفي أي سياق؟ وهل هذا نابع من مجرد رد فعل (العلبة موجودة أمام عينيك)، أم نابع من حاجة جسدية حقيقية؟ استراحة تدخين السجائر في الصباح، هل هي حاجة حقيقية أم تأثير جماعي؟ الفكرة هنا هي العثور على توصيف لكل سيجارة في اليوم، لفهم الدافع الحقيقي: الحاجة، أم رد الفعل، أم العادة، أم العلاقات الاجتماعية. يمكنك أن تكتب في دفتر صغير عدد السجائر التي يمكنك الاستغناء عنها بسهولة أكبر وتلك المرتبطة بإدمان حقيقي. فمعرفة عدوك من أجل فهمه بصورة أفضل هي السر!

تنظيف الربيع الجديد!

نعم، سيتعين عليك تنظيف الفوضى في منزلك قبل سحق آخر سيجارة رسمية! عليك أن تتخلص تدريجيًا من منافض السجائر والولاعات غير المفيدة، وكل ما يتعلق بالسجائر بشكل مباشر أو غير مباشر. فضلًا عن انتهاز الفرصة لجعل رائحة منزلك طيبة ونظيفة، كبديل لرائحة التبغ البارد! على سبيل المثال: يمكنك غسل الستائر وأغطية الأريكة والوسائد! والأفضل من ذلك، نقل الأثاث، وتغيير جو المنزل تدريجيًا. الفكرة هنا هي كسر العادات القديمة.

نحن نعتمد على من حولنا!

إن تلقي الدعم والتزام من حولك أمران على درجة كبيرة من الأهمية. ففي حين أن قرار الإقلاع عن التدخين قرار شخصي تمامًا، إلا أنه سيكون من الأسهل تحمله مع تشجيع الآخرين في أي وقت من اليوم. إذا كان أحد الزوجين مدخنًا، فمن الأسهل التفكير في الإقلاع عن التدخين في الوقت نفسه. وإذا رفض، فسيكون من الضروري التأكد من أنه يحترم حدود المنطقة الخالية من التدخين في المنزل. وكذلك مع الأصدقاء، عليك أن تُفهمهم أنك في حاجة إليهم حتى تحقق النجاح. سيُستخدم هذا الأسبوع في تحذيرهم. ولا تنسَ العالم المهني الذي تقضي فيه أغلب الوقت، بما أنه من الممكن أن تكون لديك تقلبات مزاجية لا يمكن السيطرة عليها، فهذا يحدث بالفعل للمدخنين شديدي الإدمان.

شمعة معطِّرة

ما الهدية الصغيرة التي يمكن تقديمها في أمسية «حفل توديع حياة المدخن»؟ شمعة معطِّرة مصنوعة من الزيوت العطرية المريحة مثل البرغموت (الليمون البرغامي)، أو من البتي غرين (النارنج)، لتعطير منزلك، فهذه الشمعة تجعل رائحة المنزل طيبة للغاية، وتجعل الأمر ناجحًا تمامًا.

عليك أن تراجع نظامك الغذائي

مراجعة النظام الغذائي وفعل ما يشبه الجرد

لا يزال القلق الرئيسي للإقلاع عن التدخين هو زيادة الوزن (وهو أمر مشروع لأنك تكتسب من 2-5 كجم في المتوسط). لكن هذا ليس أمرًا حتميًا! تقدِّر الدراسات العلمية أن تدخين سيجارة واحدة يعادل استهلاك عشرة سعرات حرارية، أي أن تدخين علبة سجائر واحدة في اليوم يعادل استهلاك مائتي سعر حراري. لذلك، حتى لا تغيِّر كل شيء فجأة، حلل عاداتك الغذائية لترى كيف يمكنك تصحيح الأمور وتجنب زيادة الوزن. أخرِج دفتر ملاحظاتك الصغير لكتابة كل شيء تأكله، وسبب فعل ذلك: الحاجة، أم رد الفعل، أم العادة، أم العلاقات الاجتماعية لمرافقة الزملاء. عليك ألا تغش نفسك! وعليك بتدوين كل شيء حقًّا، حتى قطعة الشوكولاتة الصغيرة التي التقطتها في أثناء تناول وجبة خفيفة مع أطفالك!

نصيحة

الدكتور جوود

المُثلى!

«الاتصال بصديق»

كما هي الحال في اللعبة الشهيرة «من سيربح المليون؟»، فكرة جيدة أن يحدَّد من بين الأصدقاء المقربين للمدخن شخص يكون إلـى حـدٍّ ما في منزلة «الراعي في فترة الإقلاع عن التدخين»، هذا الشخص سيكون موجودًا دائمًا، في أوقات الشك، لتذكير صديقه بأنه اتخذ القرار الصحيح. وهذا لا غنى عنه للمدخن شديد الإدمان!

أفضل ثلاثة تطبيقات لمراقبة التغذية!

1. **فات سيكرت**: تطبيق مجاني، يسمح لك بتتبع نظامك الغذائي، من خلال حساب دقيق للسعرات الحرارية والعناصر الغذائية. يمكنك مسح الباركود باستخدام هاتفك.
2. **ماي فتنس بال**: يمكن أن يقترن بأجهزة تتبع المشي أو التطبيقات المرتبطة بنظام تحديد المواقع العالمي لحساب السعرات الحرارية التي يجري تناولها وتلك التي يجري إنفاقها.
3. **يازيو**: إضافةً إلى الرياضة والمشي، فهو يشمل الأعمال المنزلية والبستنة كنشاطات مع حساب السعرات الحرارية!

عملية الكوماندوز في الثلاجة!

يجب ألا تنظف الرئتين فحسب، بل تمر على الدواليب، وأدراج المكتب أو الخزانة، التي يمكن أن تكون مليئة بالإغراءات التي يجب تجنبها في بعض الأحيان.

التخلص من:

- جميع المنتجات المعدَّة بالفعل مع الملصقات، ورميها إلى أبعد ما يكون.
- اللحوم المصنعة بالطهي على البارد والمقبلات الأخرى، الدهنية والمملحة جدًّا.
- الخبز الأبيض أو الأسمر المقطع إلى شرائح، وغيره من أنواع الخبز الصناعي، المحلاة جدًّا والمشبعة بالمواد الحافظة.

- الصلصات بأنواعها المحتوية على سكر أو مُحليات أخرى.
- الحبوب المصنعة التي تُستخدم في وجبة الإفطار.
- الأطعمة التي تدهن على الخبز أو على المقرمشات، باستثناء العضوية أو المصنوعة في المنزل.
- المشروبات الغازية والحلويات الكيميائية الأخرى المصنعة والمحلاة جدًّا والمسببة للإدمان.

الاحتفاظ بـ:

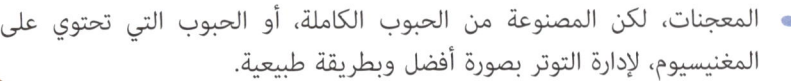

- المعجنات، لكن المصنوعة من الحبوب الكاملة، أو الحبوب التي تحتوي على المغنيسيوم، لإدارة التوتر بصورة أفضل وبطريقة طبيعية.
- الحبوب من جميع الأنواع، وأرز الياسمين أو الأرز البسمتي، الغنية بالتريبتوفان، وهو حمض أميني يعزز إفراز مادة السيروتونين المعروفة بخصائصها المهدئة.
- الموسلي المصنوع في المنزل، والذي يحتوي على نسبة سكر أقل بكثير من الموسلي الجاهز.
- الخبز الكامل أو العجين المخمر، العضوي بالطبع.
- الفواكه المجففة للوجبات الخفيفة الصحية، مثل اللوز أو البندق أو الجوز، الغنية بالفيتامينات والعناصر النادرة، والمثالية لسد الجوع الشديد.
- بعض الخضراوات المجمدة التي يمكن أن تُستخدم كأساس للحساء السريع أو المهروس، إذا لم يكن لديك وقت لشراء المنتجات الطازجة.
- التوابل من جميع الأنواع لإضفاء النكهة على جميع الأطباق، وتوفير أقصى قدر من مضادات الأكسدة التي تحمي الأنسجة من هجوم الجذور الحرة التي تولدها ممارسة الرياضة المنتظمة.

يجب أن تتغذى بصورة أفضل!

لا يتعلق الأمر باتباع نظام غذائي - مرة أخرى لا يمكننا القتال على جميع الجبهات في الوقت نفسه - إنما الأمر يتعلق بالحد من السكر المكرر. إن التحول عن السيجارة إلى الحلوى ليس هو الحل، خصوصًا إذا كنت تريد التحكم في زيادة الوزن. اليوم، تُستخدم السكريات المضافة من قِبل الشركات المصنعة كمُحسِّن للنكهة، لذلك فهي موجودة في كل شيء: في البيتزا، وصلصات المكرونة، واللحوم الباردة، وغير ذلك. لذا عليك أن تبدأ بقراءة وفهم ملصقات المنتجات. عندما تقلع عن التدخين، تستيقظ براعم التذوق لديك، وبالتالي ستعرف مذاق السكر الطبيعي والمذاق الحقيقي للأطعمة بلا أي مفاجآت سيئة فوق الميزان!

البديل العظيم

كثير من المرضى الذين تابعهم أخصائيو التبغ في «خدمة معلومات التبغ»، رأوا أن العدول عن القهوة إلى الشاي ألغى تمامًا رغبتهم في تدخين السيجارة الأولى في الصباح، مما يؤكد ضرورة الاستفادة من كل شيء جيد!

> **أخبرني يا دكتور جوود**
>
> **هل بدائل السكر مفيدة؟**
>
> لا. وعليك أن تتجنب ذلك! في ذلك الوقت، تحل هذه البدائل محل المذاق الحلو للسكر وتخدع عقلك، لكن جسمك سيطلب جرعته بدفعك إلى الأكل أو تناول المزيد. الفكرة هي تغيير طريقة تناولك الطعام من خلال العودة إلى كل ما هو طبيعي. يجب أن يكون المدخن شديد الإدمان يقظًا بشكل خاص.

ما تتناوله

يُفضَّل تناول الأسماك والمأكولات البحرية واللحوم الحمراء أو البيضاء والبيض (أربع مرات في الأسبوع)، ويُفضَّل أن تكون الخضراوات والحبوب والنشويات كاملة، إضافةً إلى منتجات الألبان (اللبن، الزبادي، الجبن الأبيض) بلا سكر مضاف بالطبع، والجبن (باعتدال)، والدهون النباتية (زيت الزيتون، بذور اللفت، بذور الكتان، إلخ)، والفواكه، والمشروبات بلا سكر مضاف (هل جربت الشاي العشبي بالفواكه؟). لكن، قبل كل شيء، تأكد من طهي أكبر قدر ممكن من الطعام بنفسك، للتحكم تمامًا في مكونات وجبة الطعام. عليك بإذابة كيس من حساء الخضراوات واخلطها معًا. ليس هناك شيء صعب، أليس كذلك؟

يوم نموذجي بلا سكر مكرر

في الإفطار

1 موسلي بلا سكر أو دقيق الشوفان، وحليب نباتي (شوفان، صويا، لوز...)، أو حليب بقري إذا لم يكن لديك حساسية من اللاكتوز، ومشروب ساخن بلا سكر، وقطعة فاكهة.

في الغداء

- طبق واحد من الخضار المتنوع، مع الحبوب، ويُفضَّل أن تكون كاملة، والبروتينات الحيوانية أو النباتية مثل: الأسماك، واللحوم المشوية، والبيض أو التوفو.
- حبة فاكهة بلا سكر، مثل: الكمثرى، أو التفاح، أو الكيوي، أو اليوسفي، وقهوة مع مربع من الشوكولاتة الداكنة، مع 70% كاكاو على الأقل.

وجبة خفيفة

المكسرات أو البذور الزيتية، على سبيل المثال: عشرون حبة لوز غير محمصة وغير مملحة (انظر صفحة 44).

في العشاء

طبق مشابه لطبق الغداء، على الرغم من أنه يُفضَّل تقليل حصتك من البروتين الحيواني لصالح البروتين النباتي في المساء، مثل الأرز البني والعدس. ونختم بأحد منتجات الألبان، مثل: الزبادي، أو الجبن الأبيض مع كومبوت بلا سكر. بالنسبة إلى الأكولين (ليس إلزاميًا): مربع من الشوكولاتة الداكنة عالية الجودة! مربع واحد أفضل من الحرمان، وستشعر حتمًا بانهيار مقاس إكس إكس لارج.

تجهيز الأدوات

- خلاط يـدوي، أو خلاط كهربائي، لصنع الحساء المنزلي، وهو سهل للغاية، وأفضل كثيرًا من ذلك الموجود في السوبر ماركت. ولا يشغل الخلاط اليدوي مساحة، فضلًا عن أنه غير مكلِّف.
- سكاكين حـادة جـدًّا، لتستمتع وتعيد اكتشاف سعادتك بالفواكه والخضراوات الطازجة بجميع أشكالها.
- أواني طبخ غير لاصقة للحدِّ من إضافة الدهون.
- قطَّاعة خضراوات صغيرة، لتحضير الجزر المبشور، أو الخيار المقطَّع، من دون الحاجة إلى إخراج الأجهزة الثقيلة.

القرفة، أفضل الحلفاء ضد السكر

إنها من التوابل العجيبة التي تعمل على تهدئة الرغبة الشديدة في تناول السكر! يمكنك إضافتها إلى الكمبوت المصنوع في المنزل أو إلى الشاي. ويمكنك أيضًا إعداد علبة صغيرة «مضادة للوجبات الخفيفة» مكونة من: عود من القرفة، وحبة فانيليا، وقليل من قشور البرتقال، وبضع قطرات من زيت القرفة العطري لاستنشاقها في حالة الشعور بالجوع الشديد. وهذه العلبة مثالية للمدخنين الذين يعانون إدمانًا معتدلًا ومتوسطًا.

يجب أن تبدأ في التحرك!

استئناف النشاط البدني أمر ضروري لنجاح الإقلاع عن التدخين. الرياضيون بالفعل سيكونون مميزين. يمكنك إعادة البدء بلطف (أو بسرعة بالنسبة إلى ممارسي الرياضة) من دون إغفال حقيقة أن النشاط البدني ضروري، لأنك تؤدي تمارين القلب وبالتالي تسعى إلى تحفيزه. وفوق كل شيء، تساعد الرئتين على التخلص بصورة أسرع من التبغ المتراكم طوال هذه السنوات! إضافةً إلى ذلك، وهي تفصيلة في غاية الأهمية في وقت الإقلاع عن التدخين، فإنه يُعاد إنتاج الإندورفين الذي يحل محل تأثير النيكوتين في الدماغ. كلما كنت أكثر نشاطًا قلَّت رغبتك في التدخين، وكلما تقدمت هدأت الرغبة الشديدة في التدخين. إنها حلقة مثمرة تتكون.

إذا كانت الكلية آخر عهدك بممارسة الرياضة

النشاط البسيط، مثل المشي السريع، هو الوضع المثالي لاستعادة القدرة على الحركة من دون المخاطرة بالإصابة. يسمح لك هذا النشاط بالتهوية، والحصول على القسط الكافي من فيتامين «د». وبالنسبة إلى الأشخاص الأكثر تحفيزًا، فمشي النورديك له ميزة إضافية، فهو يحرك الجزء العلوي من الجسم، مما يسمح باستهلاك عدد السعرات الحرارية نفسه تقريبًا خلال ساعة من الركض. هناك كثير من النوادي التي تستقبل المبتدئين، ويمكن أن تكون هذه فرصتك للالتحاق. وقد أتاح الاتحاد الفرنسي لألعاب القوى (www.athlé.fr - قسم اللياقة البدنية/الصحة) مدربين رياضيين صحيين لدعم المدخنين في أثناء إقلاعهم عن التدخين.

يجب أن تتجهز قبل البدء

أنت لا تذهب إلى منحدر للتزلج بملابس السباحة. وبخصوص المشي السريع أو مشي النورديك، ينطبق الشيء نفسه، أنت في حاجة إلى التجهيزات المناسبة.

- جهِّز نفسك للذهاب إلى المشي: ملابس مريحة (بنطلون أو شورت، وتيشيرت رياضي)، أحذية مناسبة (لا بد أن تنسى الأحذية الرياضية القماشية)، ولا تنسَ الماء للشرب في أثناء جلسة الاستراحة (رشفتان من الماء كل 20 دقيقة في الشتاء، وكل 10 دقائق في الصيف).
بالنسبة إلى مشي النورديك، يلزم وجود زوجين من عصي المشي الرياضية.
- ثبِّت تطبيقًا على هاتفك الذكي إذا كنت لا ترغب في استخدام نظام تحديد المواقع العالمي، لمراقبة تقدمك والبقاء متحمسًا.
- لا تتخطَّ دقائق الإحماء والتهدئة!
- عليك بجدولة تمارينك في دفترك والالتزام بها!
- سواء أكانت السماء تمطر أم لا، فالسترات الواقية من الماء موجودة وتعمل بصورة رائعة!
- يمكنك إجراء تمارين على المشاية في الداخل بلا أي مشكلة.
- يمكنك التدرب عليها مع الآخرين، فهي تصبح بهذا الشكل مثالية لتحفيزك ولتجاذب أطراف الحديث.

المشي إلى الأمام سريعًا

نحن هنا لا نتحدث عن المشي الرياضي ليوهان دينيز! بصورة ملموسة وفي المتوسط، يُمارَس المشي لمسافات طويلة بسرعة 4 كم/ساعة، والمشي العادي بسرعة 5 كم/ساعة، والمشي السريع بسرعة 6 كم/ساعة. وإذا لم يكن لديك نظام تحديد المواقع العالمي أو هاتف ذكي، فامشِ بالسرعة التي تشعر معها بأن عضلات الساقين - خصوصًا عضلات الفخذين - تسخن قليلًا.

لكي تنجح هذه الطريقة، استهدف ثلاث جولات مشي لمدة 45 دقيقة على الأقل في الأسبوع، من دون احتساب الإحماء أو التهدئة. يمكنك بالطبع تغيير الساعات وفقًا لمواعيدك، لكن المهم حقًّا هو الالتزام بها. ويمكنك تنفيذ الخطة البديلة في حالة حدوث شيء غير متوقع، فمثلًا يمكنك تأجيل جلسة يوم الاثنين إلى يوم الثلاثاء، فهذا سيساعدك على مواصلة المشي بلا انقطاع. ولا يهم تحديد التوقيت الذي تختار المشي فيه، فلكل فترة مزاياها وعيوبها.

صباحًا، قبل الذهاب إلى العمل

الإيجابيات

- ستبدأ يومك بحالة جيدة!
- إذا كانت لديك الشجاعة للمشي بمعدة فارغة، فسيكون لهذا تأثير ملموس فوق الميزان.

السلبيات

- ليس من السهل دائمًا تحقيق ذلك، فربما تضطرك وسائل النقل العام أو مدارس الأطفال إلى توفيق أوضاعك بصورة أخرى.
- المتنزهات ليست مفتوحة في كل الأوقات.

وقت استراحة الغداء

الإيجابيات

- مثالي للحصول على قسط من الراحة والتخلص من ضغوط الصباح.
- يحد من مخاطر الانهيار بعد الوجبة، مع زملاء ما زالوا مدخنين.

السلبيات

- يتطلب بعض التنظيم، وإمكانية الاستحمام في مكان قريب، بينما الصالة الرياضية خيار جيد ينبغي النظر فيه.
- عليك إعداد الغداء بطريقة بنتو.
- يجب أن تكون لديك فرصة للحصول على استراحة حقيقية لمدة ساعة.

نصيحة الدكتور جوود المُثلى!

لماذا لا تستخدم تطبيقًا لقياس تقدمك وتحفيز نفسك؟ جميع العلامات التجارية الرياضية الكبرى لها تطبيقاتها الخاصة: ديكاتلون، نايك، أديداس، ريبوك... والتطبيقات مجانية ويمكن الوصول إليها بسهولة، إضافةً إلى الجلسات الرياضية المتنوعة، حتى لا تشعر بالملل أبدًا. تقدم العلامات التجارية ذلك أيضًا إلى نظام تحديد المواقع العالمي، لكنها مقترنة بساعة متصلة. والأساور المتصلة متوفرة للغاية.

بعد يوم العمل

الإيجابيات

- مثالي للتخفيف من ضغوط اليوم.
- في بعض الأحيان يكون التنفيذ أسهل مما عليه في الصباح.

السلبيات

- عليك أن توازن بين عائلتك والتخطيط لحياتك الشخصية.
- فعل ذلك متأخرًا يسبب الاضطراب في النوم.

إذا كانت الرياضة بالفعل جزءًا من حياتك اليومية

حان الوقت للوصول إلى السرعة القصوى! الإقلاع عن التدخين سيغير كل شيء: الأداء، والتعافي، والتقدم... في غضون أسابيع قليلة ستكون النتائج ملموسة. فلماذا لا تتحدى نفسك وتستعد للدخول في مسابقة مثلًا؟ بالنسبة إلى أولئك الذين يمارسون الرياضة كمحترفين، لقد حان الوقت لتنظيم كل هذا من أجل التقدم أو زيادة الكفاءة.

تبني لنفسك عقلًا من الفولاذ!

في أثناء فترة الإقلاع عن التدخين، ستكون هناك فترات هبوط وفترات صعود. استعد عقليًا، وكُن رياضيًا عالي المستوى، وتوقَّع اللحظات الصعبة، فتلك أفضل الطرق للتغلب على فترات الإحباط.

إنشاء الموسيقى التصويرية الخاصة بك

أفضل من استماعك إلى الأغاني الحماسية أو التحفيزية، هذا التمرين الصغير سهل الإعداد، ويُستخدم في كثير من الأحيان حسب الضرورة (لماذا ليس كل صباح؟)، ما دامت السيجارة الأولى لا تزال مرغوبة. كل ما عليك فعله هو التسجيل على هاتفك المحمول، أو بأي وسيلة أخرى متاحة لك، ثم خذ الوقت الكافي للتعبير عن أسباب إقلاعك عن التدخين، ودوافعك الشخصية، والعميقة، والقائمة الكاملة لرغباتك: الخوف من الإصابة بالسرطان، الرغبة في توفير المال، التمكن من الصعود طابقين من دون أن تفقد نَفَسك. ثم خذ الوقت الكافي للتعبير عن حياتك الخالية من السجائر بعد ذلك، كما تتخيلها بالفعل. لماذا لا تذهب في رحلة بفضل ميزانية التبغ الموضوعة في حساب خاص؟

التدرب على السوفرولوجيا من أجل الاسترخاء

يمكنك استشارة متخصص في علم السوفرولوجيا، وسيقدم لك النصيحة حول أفضل طريقة للتعامل مع الإقلاع عن التدخين. قد لا يستطيع الجميع فعل ذلك، لكن يجب أن تتعلم كيفية التعامل مع لحظات التوتر التي «تحلها» السيجارة. ومن هنا تأتي أهمية جلسات السوفرولوجيا، حتى لو كانت جلسات مصغرة.

التنفس عن طريق البطن!

> **أضف إلى معلوماتك**
>
> تعمل بعض الصناديق التعاونية على سداد كل أو بعض تكاليف الاستشارات التي تُجرى مع مختصي علم السوفرولوجيا. لذلك، لا تتردد في الاستفسار.

التنفس عرضة لتأثيرات التوتر: زيادة معدل ضربات القلب، وقصر النَّفَس، وشد العضلات، وغيرها. كلما تنفست على نحو أسرع، ازداد التوتر وتسارعت الآلة بأكملها. مع التنفس البطني، نعمل بشكل أساسي على الحجاب الحاجز، وهو العضلة التنفسية الرئيسية الواقعة بين القفص الصدري والمعدة، في منطقة الضفيرة الشمسية (تسمى غالبًا «المنطقة العاطفية»). عندما تتنفس من خلال معدتك تنخفض المعدة وتضغط على عضلات البطن والأحشاء. وعندما تزفر تعود إلى مكانها. هذه الحركة البسيطة إلى أعلى وأسفل طبيعية تمامًا، وتسمح بتدليك حقيقي للأعضاء الداخلية، وتوزيع جيد للطاقة في جميع أنحاء البطن. وفوق كل شيء الهدوء!

بصورة عملية

يفيدك هذا التمرين في أن تهدأ بسرعة، في أي موقف، ويساعد على بناء الثقة بالنفس. يجب أداؤه عندما تشعر بالحاجة إليه، وفي أوقات فقدان الثقة.

- اجلس على كرسي، وقدماك مستقيمتان على الأرض، ويداك على ركبتيك، وتنفس بعمق، واملأ بطنك بالهواء. عند التنفس بعمق ستشعر بالهدوء والثقة بالنفس.

- ازفر ببطء، وأفرغ رئتيك من الهواء. وفي أثناء الزفير ألقِ الإجهاد والتعب والشكوك وقلة الثقة جانبًا.

- امدد يديك متشابكتين خلف رأسك، ثم امدد ذراعيك، وشد جسدك بالكامل لبضع ثوانٍ، ثم استرخِ تمامًا للتخلص من التوتر.

نصيحة الدكتور جوود المُثلى!

غالبًا ما تحتفل بالانتقال إلى شقة جديدة، وتـودِّع حياة الطفولة. ولدينا حفلات طلاق كذلك! فلماذا تُعرِض عن الاحتفال ببدء الإقلاع عن التدخين؟ هذه أروع طريقة لإخبار من حولك، وبها تطلب منهم أن يكونوا الملاك الحارس على حياتك الجديدة الخالية من السجائر. وهذا أمر لا غنى عنه بغض النظر عن مستوى إدمانك!

الفصل الثاني

أسبوعان سيغيران كل شيء!

حان الوقت لسحق آخر سيجارة لك (ليست سيجارة الشخص المُدان، بل سيجارة الحرية)، والاستمرار في وضع الاستراتيجيات وممارستها للتعامل مع الأوقات الصعبة.

الإقلاع عن التدخين، 1، 2، 3... تحرَّك!

تعلَّم أن تقول «لا»!

عندما كنتَ مدخنًا، لم يكن من السهل بالفعل أن تقول «لا» للسيجارة التي تقدَّم إليك، فما بالك وأنت تحاول الإقلاع عن التدخين! لا تنسَ أبدًا أن الرغبة لا تدوم في الواقع سوى دقيقتين أو ثلاث دقائق، لذلك عليك أن تتعلم إلهاء يديك وعقلك بسرعة، وأن يكون لديك دائمًا رد فعل (أفعال مضادة للسجائر) (انظر صفحة 45). ويجب عليك أيضًا أن تطلب ممن حولك أن يحترموا القواعد والاتفاقيات فعليًّا، لتجنب الإغراءات غير الضرورية. لن يكون الأمر سهلًا دائمًا. هل تحتاج إلى نصيحة صغيرة؟ تدرَّب على قول «لا» في حمَّامك الخاص بعيدًا عن الأنظار. «لا، شكرًا، هذا لطف منك، لكني لم أعد أدخن. أشكرك على احترام خياري»، هذه الجملة نهائية وحاسمة، وهي بلا شك أفضل طريقة للخروج من الموقف.

اهرب من الأماكن المليئة بالدخان قدر الإمكان

في أثناء الإقلاع عن التدخين، حاول دائمًا أن تهرب من الأماكن المليئة بالدخان قدر الإمكان. لا داعي للقلق، سيخبرك جميع المدخنين السابقين: بعد بضعة أسابيع، يصبح من المستحيل البقاء بجانب المدخنين من دون أن تشعر بالانزعاج. ما كان اختيارًا في البداية سرعان ما سيصبح ضرورة.

عملية مكافحة الوجبات الخفيفة عديمة الفائدة!

إذا كنت تشعر بالجوع في الصباح، فهذا يعني أنه توجد مشكلة فيما يتعلق بوجبة الإفطار، ووجبة العشاء أيضًا. ربما حرصًا منك على عدم زيادة الوزن، حددت كمية الحبوب الكاملة، مما أدى في النهاية إلى نتائج عكسية! قد يكون من الضروري إجراء بعض التعديلات، لكن لا داعي للقلق، فهذا طبيعي تمامًا. ولمواجهة الرغبة الشديدة في تناول الوجبات الخفيفة، ركِّز على الوجبات الخفيفة المتوازنة الغنية بالألياف والبروتين. على سبيل المثال:

- تفاحة، وحفنة من اللوز أو الفستق.
- جبنة بيضاء مع فواكه حمراء (مجمدة، فهي رائعة أيضًا).
- شريحة من خبز القمح الكامل، ومربعان من الشوكولاتة الداكنة.

العرقسوس، حليف الرغبة الشديدة لتناول السكريات

هذا الطعم الخاص فعَّال للغاية في جعلك تنسى الرغبة الشديدة في تناول السكر. يمكن التفكير في عصا العرقسوس، لكن احرص على ألا تكون حركة العصا في فمك بديلة لحركة التدخين. يعمل الشاي العشبي أيضًا بصورة جيدة للغاية، وسيُفضِّله المدخن شديد الإدمان الذي يجب ألا يقلع عن النيكوتين فقط، بل عن حركة التدخين نفسها.

ساعة توقيت فوق طاولة الطعام

ماذا لو جعلتها حليفة لك في أثناء وجبات الطعام، للتأكد من احترام الدقائق العشرين التي تُعَد الحد الأدنى اللازم للدماغ لتسجيل فكرة الشبع؟ عليك أن تتعلم كيف تمضغ وتتنفس وتستمتع. باختصار، عليك أن تعيش وتستمتع باللحظة الحالية. بالطبع، سيكون استخدام ساعة توقيت ضروريًّا فقط لفترة كافية تدرك فيها ما يجب أن تبدو عليه تلك اللحظة الخاصة لعقلك ومعدتك. هذا ثمن تجنب تناول الوجبات الخفيفة والوزن الزائد أيضًا!

تعلَّم التدبر حتى لا تصاب بالانهيار!

سيؤدي الإقلاع عن التدخين حتمًا إلى ظهور أعراض جسدية بسبب نقص النيكوتين، وهذا يبدأ من أول يوم بعد الإقلاع. وهذه الأعراض ستكون في قمتها القصوى فيما بين اليومين والثلاثة أيام الأولى، وستخف حدتها عند اليوم العاشر. لكن قد يستغرق الأمر ثلاثين يومًا في حالات الإدمان الشديدة. من الممكن دائمًا أن يكون معك ما يكفي لإدارة الرغبة في التدخين، وهناك كثير من الحلول التي يجب وضعها منذ اليوم الأول للإقلاع عن التدخين لتكون أكثر فاعلية.

قدِّم التحية للشمس كل صباح لتبدأ يومك على نحو صحيح!

كبديل للسيجارة الأولى الشهيرة في الصباح، ليس أفضل من بضع دقائق من اليوجا (تمارس بصورة مثالية على معدة فارغة)، أمام النافذة المفتوحة، بمجرد أن تطأ قدماك الأرض! تساعد «تحية الشمس» على التخلص من السموم، وتوقظ العقل، وتوفر التركيز والهدوء والصفاء لمواجهة تحديات اليوم. ستفعل ذلك

تحية الشمس

خمس مرات متتالية مع فاصل ثلاثين ثانية بين كلٍّ منها. يلعب التنفس دورًا كبيرًا في ذلك، لذا في المرات القليلة الأولى يجب أن تأخذ وقتك الكافي، ويُفضَّل أن تفعل ذلك مرتين أو ثلاث مرات ناجحة تمامًا في الأيام الأولى، على أن تفعله خمس مرات بصورة سيئة.

أفعال صغيرة «مضادة للسجائر»

ربما تبدو قليلة الأهمية، لكنها ذات دور فعَّال في عدد من حالات الإقلاع عن التدخين الناجحة وفقًا لأخصائيي التبغ الذين يوصون مرضاهم بها بانتظام، فلماذا تنكرها إذن؟

نصيحة الدكتور جوود المُثلى!

إذا استمرت التقلبات المزاجية الصغيرة مع مرور الوقت، فيجب أن تكون بدائل النيكوتين جزءًا من عملية الإقلاع عن التدخين. لا تتردد في الأخذ بها، فهي ليست رمزًا للفشل على الإطلاق، بل رمزًا لتناول المشكلة ككل. والمدخن شديد الإدمان معنيٌّ بهذه النصيحة على وجه الخصوص.

هذه بعض الحيل التي يمكن أن تفعلها بمجرد أن تشعر بالرغبة في التدخين:

- **تنظيف الأسنان بالفرشاة:** سيعمل على مواجهة الرغبة الشديدة في تدخين السجائر، وسيعمل أيضًا على مواجهة الرغبة الشديدة في تناول الوجبات الخفيفة عديمة الفائدة. احتفظ دائمًا بفرشاة أسنانك معك على سبيل الاحتياط!
- **شرب كوب من الماء بهدوء:** فعَّال في تخفيف الرغبة في التدخين، حيث يتيح لك وقتًا مستقطعًا للتفكير في أشياء أخرى. وذلك جيد مع الشاي العشبي بالطبع!
- **شغل اليدين دائمًا بشيء:** سواء كان قلم رصاص للرسم أو الكتابة بسرعة، أو مشبك ورق يُلف في جميع الاتجاهات، أو أي شيء يمكن طيه وفرده بسرعة. تصفح لمدة دقيقتين شبكات التواصل الاجتماعية لتصفية ذهنك، فهذا فعَّال على نحو جيد للغاية.
- **الخروج لاستنشاق الهواء النقي:** إذا كنت تستطيع فعل ذلك، ولو لمدة ثلاث دقائق، فستشعر بالارتياح، فهذا هو الوقت اللازم للتغلب على الرغبة في التدخين.

اشعر بنبضك حتى تشعر بالهدوء

إذا لم يكن لديك ما تسمعه من موسيقى هادئة حتى تشعر بالاسترخاء، فيمكنك اللجوء إلى قلبك! بأصابعك استمع إلى نبض معصمك حتى تشعر بدقات قلبك. ركِّز على إيقاع قلبك حتى تنعزل عن البيئة المحيطة، وخذ الوقت الكافي للتنفس من خلال معدتك والشعور بأن قلبك تتباطأ نبضاته. ستختفي الرغبة في التدخين، فهذا فعَّال للغاية بغض النظر عن حالة إدمانك.

استمر في تدوين كل شيء في دفتر ملاحظاتك الصغير: قيِّم الموقف في نهاية اليوم، وتصرَّف في اليوم التالي بما يصحح الوضع. الشيء نفسه مع الآلام والأوجاع والعلاجات التي تتناولها! لكن، قبل كل شيء، يجب أن تضع في حسبانك أن هذه الرغبة الشديدة لن تستمر، ففي غضون أسابيع قليلة لن تكون موجودة على الإطلاق.

استمر!

كل ما فعلته في الأسبوع الأول يجب أن يستمر بالطبع ما دام ضروريًّا. يجب القيام بجلسات السوفرولوجيا المصغرة (انظر صفحة 41) عند الحاجة إليها: في الصباح عندما تستيقظ، أو في وسائل النقل العام إذا لم يكن لديك الوقت، فإنها تستغرق ثلاث دقائق فقط، ولديك دائمًا بكل تأكيد ثلاث دقائق غير مشغولة! يمكن أن تساعدك موسيقى الاسترخاء، لكن يُفضَّل الاستماع إلى الموسيقى التصويرية الخاصة بك كل يوم (انظر صفحة 41) لتظل مركزًا على هدفك.

ثلاثة أفعال «للعلاج بالضغط» يمكن أن تساعد

سنتحدث هنا بالتفصيل عن عملية «الضغط بالأصابع»، حيث نحفز نقاط الطاقة بضغطة بسيطة من الأصابع في المكان الصحيح. على الرغم من أنه يمكن فعل ذلك في أي مكان، فإن الأفضل هو إيجاد مكان هادئ للتركيز وعدم الإزعاج. عليك أن تتنفس بهدوء، من خلال أنفك، للحصول على الحد الأقصى من التأثير. الهدف ليس الشعور بالألم، لذا يُنصح بالضغط برفق على كل منطقة!

النقطة السرية لمكافحة التدخين

هذا الأمر سهل للغاية، ويساعد على التخلص من الرغبة في التدخين. دلِّك نقاط الضغط الموجودة على مستوى جناحي الأنف، فوق فتحتي الأنف مباشرة، وافركها إلى أعلى وإلى أسفل لبضع ثوانٍ، في كل مرة تشعر فيها بالرغبة في التدخين، وكلما مر الوقت قلت الرغبة في التدخين. عادةً ما يستغرق الأمر بضع ثوانٍ فقط.

نقطة الاسترخاء

من شأنها أن تخفف من التوتر، والصداع، والأرق، والقلق... وهي متعددة الوظائف، وسرية بدرجة كافية أيضًا، ويمكنك الضغط عليها في أثناء وجودك في المكتب أو في وسائل النقل العام. على بُعد إصبع من قاعدة الجمجمة على الجزء الخارجي من عضلات الرقبة تجدها مثل «ثقب». اضغط عليها بصورة متواصلة لمدة دقيقتين، على كلا الجانبين في الوقت نفسه. وهذا الأمر فعَّال عند استخدامه كل يوم «كعلاج أساسي».

نقطة استرخاء القلب النابض

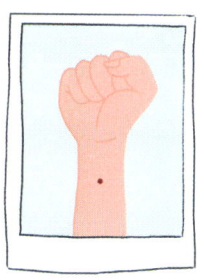

لها خاصية مهدئة للجهاز العصبي، ويمكن أيضًا تدليكها بسرية في أي وقت من اليوم. تقع في الجزء الداخلي من الذراع (يسارًا أو يمينًا، حسب الرغبة)، على بُعد ثلاث أصابع من المعصم. يجب أن يكون الضغط بالإبهام في وضع الثبات، ويكون التدليك دائريًّا وبلطف. وللعثور عليها بسهولة أكبر، اعلم أنها غالبًا ما تكون موجودة أسفل سوار الساعة. أوقف التدليك بعد دقيقتين، واستمر في الضغط حتى تشعر بالنبض مرة أخرى.

الزيوت العطرية التي يمكنها المساعدة

يمكن أن تكون الزيوت العطرية حليفة إذا التزمت بالجرعات الصحيحة.

إليك مزيجًا صغيرًا تصنعه بنفسك أو يصنعه لك الصيدلي.

في زجاجة 10 مل، من مادة صحية كالزجاج، وملونة وصالحة للتخزين، ضع:

- 50 قطرة من البردقوش الكبير: فهو يهدئ التوتر بصورة أفضل عند الإقلاع عن التدخين.
- 20 قطرة من حشيشة الملاك: فهي معروفة بأثرها المفيد في مكافحة الإدمان.
- 10 قطرات من عشبة الليمون: فهي تساعد على إدارة الشعور بأعراض الإقلاع عن التدخين بصورة أفضل.
- 20 قطرة من النعناع صغير الأوراق: فهو يعمل على تسريع عملية تنظيف الجهاز التنفسي.

ضع هذا المزيج على الرسغ، واستنشقه بمجرد الشعور بالرغبة في التدخين.

الحل النابع من المعالجة المثلية

يمكن العثور بسهولة في الصيدليات على العبوات التي صُنعت بهدف التغلب على الأوقات الصعبة المصاحبة للإقلاع عن التدخين. تعتمد هذه العبوات على خمس سلالات للمعالجة المثلية:

- **نوكس فوميكا** 5 سي أتش: يساعد في القضاء على السموم.
- **أرغنتوم نيتريكوم** 9 سي أتش: يساعد على إخراج المدخن من حالة الارتباط بالسجائر، ويجنبه التعويض بالسكريات.
- **كالاديوم** 5 سي أتش: يخفف من الاضطرابات المتعلقة بالإقلاع عن التدخين.
- **لوبيليا إنفلاتا** 5 سي أتش: يثير الاشمئزاز من التبغ، ويساعد على الإقلاع عن التدخين.
- **جيلسيميوم** 9 سي أتش: يهدئ من التوتر، ويهدئ الحالة المزاجية المتغيرة.

تناول ثلاث حبيبات من كلٍّ منها، مرتين أو ثلاث مرات في اليوم، على معدة فارغة (قبل الوجبة بنصف ساعة، أو بعد الوجبة بساعتين).

نصيحة

الدكتور جوود

المُثلى!

إذا كانت لديك رغبة قوية في التدخين، يمكنك استخدام حبيبات لوبيليا إنفلاتا 5 سي أتش، 5 جرام، لتذوب تحت اللسان، للتخلص من هذه الرغبة. يُعد ذلك أولوية للمدخن شديد الإدمان.

تسريع الإيقاع في الجانب الرياضي

نعم، في بعض الأحيان، تكون العودة إلى الرياضة بعد سنوات من عدم ممارستها أمرًا صعبًا. وبالفعل، الرياضة التي تسمى «الهوائية» تتطلب مزيدًا من الجهد، لكنها ضرورية لإنتاج الإندورفين الذي يساعد على الإقلاع عن التدخين، فضلًا عن أنها تحرق كثيرًا من السعرات الحرارية، وهي مثالية للحد من زيادة الوزن.

الانتقال إلى وضع الإحماء

ركوب الدراجات، والسباحة، ورياضة مشي النورديك، وتمارين اللياقة البدنية أو الجري في الأماكن المغلقة... لكلٍّ منا رياضة مفضلة. بالطبع، يمكن مزج الرياضات شريطة الالتزام بما لا يقل عن ثلاث جلسات في الأسبوع. ويجب ألا تتركز الجلسات في يوم واحد، بأسلوب «كوماندوز يوم الأحد»، فذلك ستكون له نتائج عكسية تمامًا، فوق الميزان وعلى الذهن أيضًا. الهدف هو توفير الإندورفين للدماغ كل أسبوع في فترة الإقلاع عن التدخين.

الجري للمبتدئين

في أثناء الاستماع إلى الأغاني

لا داعي للقلق، فنحن لا نقصد هنا الركض لمدة ساعة بلا انقطاع من أول جلسة! هل هناك طريقة بسيطة أثبتت فعاليتها؟ نعم، إنها تقنية «الأغنية»: تستمع إلى الأغنية الأولى في أثناء المشي، وتهرول مع إيقاع الأغنية الثانية، وتسرع مع الأغنية الثالثة، وهكذا. بعد يومين أو ثلاثة، تنتقل

إلى «أغنيتين سريعتين» تواصل معهما السير. بعد أسبوعين إلى ثلاثة أسابيع، يجب أن تكون قادرًا على تشغيل ست أغانٍ بلا توقف. هأنت أتممت التحدي!

على الطريقة الأمريكية

ثمة طريقة أخرى، لمن لديه حساسية من سماعات الرأس، هي «الطريقة الأمريكية»، التي تعمل وفق المبدأ نفسه، وهو التناوب بين المشي والجري، لكن على أساس زمني: تمشي خمس دقائق وتركض خمس دقائق. ومع التدريب، يمكنك إطالة مدة الجري حتى ينتهي بك الأمر بالعدول تمامًا عن المشي إلى الجري.

الجلسة النموذجية: 5 دقائق من المشي للإحماء + 4 × 5 دقائق من المشي السريع بالتناوب مع 5 دقائق من الجري + 5 دقائق من المشي الهادئ.

السباحة

مرة أخرى، لا يتعلق الأمر فقط بالذهاب إلى حمَّام السباحة، وممارسة السباحة ثلاثة أطوال ثم الاستحمام تحت الدش! لكي تكون الجلسة فعَّالة، يجب أن تستمر ثلاثين دقيقة على الأقل، ويُفضَّل أربعين دقيقة. يتعلق الأمر بالاستمرار في الحركة التي تتقنها، وتزيين جلستك ببعض الملحقات: يمكن أن تستعير لوح السباحة الخشبي، وأن تستخدم الزعانف الصغيرة، ثم تبدأ في الركل بالساقين، والذراعان ممدودتان على اللوح بالتناوب بين الظهر والبطن. يجب أن تكون الحركات واسعة لتحقيق أقصى قدر من الفعالية. يمكنك أيضًا ممارسة تمارين الأطوال بالتناوب بين السباحة السريعة والبطيئة أو بين نوعين مختلفين من السباحة.

جهاز مراقبة معدل ضربات القلب للتأكد من عدم فقدان الإيقاع!

يمكنك الجري مستخدمًا حزام مراقبة معدل ضربات القلب الذي يوضع على منطقة الصدر، ويشير على الفور إلى معدل النبضات على ساعتك المتصلة. الهدف هو تنبيهك إذا ابتعدت عن بؤرة راحة قلبك. تسمح لك بعض الساعات بالاستغناء عن الحزام بفضل المستشعرات الموجودة على المعصم. وهذا يجنبك تجاهل الخطوات ويعتمد على حساب الحد الأقصى لمعدل ضربات القلب.

الجلسة النموذجية: إحماء لمسافة 200 متر في السباحة السهلة (10 أطوال بالسرعة العادية) + 8 × 50 مترًا بالتناوب (سباحة الصدر - الزحف - سباحة الظهر) + 8 × 100 متر بالحركة الأكثر إتقانًا (استراحة كل 100 متر للشرب أو التنفس) + 4 × 25 مترًا بوتيرة ثابتة (استراحة لمدة 15 ثانية كل 25 مترًا) + 100 م سباحة سهلة للعودة إلى الهدوء.

الدراجة

سواء كان التمرين في الهواء الطلق (الأكثر إمتاعًا) أو باستخدام دراجة التمرين في المنزل، فإن الفائدة من التمرين تكمن في الاختلاف في الشدة. لا داعي للدفع بأقصى حد، فالفكرة ليست في بذل المجهود الشاق، بل القدرة على التحمل. وحتى يكون الأمر فعَّالًا، يجب أن تستمر الجلسة لمدة ساعة، أطول قليلًا من الجري أو السباحة.

الجلسة النموذجية: 10 دقائق للإحماء + 4 × 5 دقائق دفع متوسط (حسب المعدات الخاصة بك) + 5 دقائق بسرعة أكبر، ولكن من دون معاناة + 10 دقائق تهدئة.

لا تهمل تمارين البطن!

يخطئ كثير من المبتدئين عند ممارسة رياضة جديدة بأقصى سرعة بعد سنوات من الخمول، فغالبًا ما ينتهي بهم الأمر إلى التوقف مرة أخرى بعد بضعة أسابيع فقط. يجب ألا تنسى أنه لبناء «حياة جديدة»، بما أنك أقلعت عن التدخين، فأنت في حاجة إلى أساس متين، وتمارين البطن موجودة لهذا الهدف. بضع دقائق في اليوم وسيختفي شبح أخصائي العلاج الطبيعي، ومع قليل من الجهد ستظهر عضلات البطن! من السهل جدًّا العثور على جلسة نموذجية عبر الإنترنت، لتُمارسها بصورة مثالية ثلاث مرات في الأسبوع، في الأيام التي لا توجد فيها جلسة تمارين هوائية.

نصيحة الدكتور جوود المُثلى!

أفضل طريقة لتبقى متحمسًا، هي أن تكون لديك دائمًا خطة بديلة. هل المطر ينهمر؟ لا بأس، يمكنك التحوُّل عن جلسة الجري إلى جلسة في صالة الألعاب الرياضية، أو البقاء في المنزل لجلسة تدريبية أمام شاشتك. مهما كانت الرياضة التي تختارها، عليك أن تتحرك لأنك تحتاج إلى الإندورفين، وهو أعظم حلفائك خلال فترة الإقلاع عن التدخين. يجب على المدخن بشدة أن يظل يقظًا جدًّا بشأن الجدول الزمني للاستفادة إلى أقصى حدٍّ من تأثير الإندورفين. بالنسبة إلى المدخن المعتدل سيكون من الأسهل تكييف جدوله وفقًا للأحاسيس المتعلقة بأعراض الإقلاع خلال فترة الإقلاع عن التدخين.

الفصل الثالث

الآن، عليك أن تستمر

أسبوعان بلا تبغ، لقد كسبت الرهان! الآن يتعين عليك ترسيخ الأسس، بحيث يصمد كل ما فعلته سابقًا أمام العواصف. ستواصل ممارسة الرياضة، وتتعلم الأكل بصورة أفضل حتى تتحكم دائمًا في وزنك. ستبدأ حياتك الجديدة بلا سجائر، أخيرًا!

الرياضة والإندورفين موجودان دائمًا لدعمك!

لا يتعلق الأمر بأن تصبح رياضيًّا محترفًا، إنما يتعلق، قبل كل شيء، بإعادة اكتشاف متعة الحركة من دون أن تلهث، والقدرة على تناول الطعام بطريقة متوازنة من دون قضاء وقتك في وزن كل شيء وحسابه.

ضع لنفسك «هدفًا رياضيًّا» تحققه

كل شيء سيعتمد على رياضتك المفضَّلة، الفكرة في البداية تكمن في استخدام خيالك! يمكن أن يتحقق ذلك عن طريق الصعود إلى الطابق الثاني من برج إيفل، أو المشاركة في سباقك الأول (مع التعقل بالطبع بالنسبة إلى المسافة المختارة). ويجب أن تحرص خصوصًا على اختيار السباق الذي ينتهي بميدالية رائعة في النهاية، لأن المكافآت ستجعلك تشعر بالرضا! هناك مسابقات سباحة في المياه المفتوحة بمسافات مفتوحة في الغالب، وهناك الدراجة، وحتى خلف شاشة الكمبيوتر، يمكنك تسلق ممر. باختصار، أنت ستختار التحدي الذي تواجهه وتستعد بجدية للنجاح!

نصيحة

الدكتور جوود

المُثلى!

حان الوقت لتبدأ في تنويع المتع من خلال تنويع الأنشطة، واعتماد ما يسمى بـ«طريقة اللعب السريع». اختر هدفًا سهلًا، مثل مقعد أو شجرة أو عمود إنارة، واجرِ بأسرع ما يمكن نحو هذا الهدف. الفكرة تكمن في تكرار التمرين خمس مرات متتالية في منتصف الجلسة.

روتين بسيط لكنه فعَّال للتقدم

أسبوعان، أصبحت فيهما الرياضة جزءًا من حياتك مرَّة أخرى، والآن ليس هناك وقت للاستسلام! يبقى الجدول الزمني على باب الثلاجة، حيث يجري التخطيط لكل جلسة بصورة مثالية. إذا كانت الجلسة ستُنفذ في الصباح قبل الذهاب إلى العمل، فتأكد من تجهيز الأغراض الخاصة بها في اليوم السابق وضعها بجوار سريرك، لتشعر بالذنب إذا قصَّرت!

الروتين النموذجي: في الأسبوع، 3 جلسات رياضية هوائية لمدة 45 إلى 60 دقيقة كحد أدنى + 2 إلى 3 جلسات يوجا لمكافحة التوتر في الأسبوع (10 إلى 15 دقيقة كحد أقصى).

التنويع بين رياضات القفز والرياضات المائية

ليس من السهل دائمًا تحقيق التوازن بين العمل والحياة الشخصية. إذا قررت التخطيط لجلستين من الرياضات الهوائية في عطلة نهاية الأسبوع، فيجب أن تحرص قدر الإمكان على التنويع بين الرياضات بعد ذلك. على سبيل المثال: الجري يوم السبت، وركوب الدراجة أو السباحة يوم الأحد. سيساعدك التنويع بين ممارسة الرياضة التي تعتمد على القفز، والرياضة التي تعتمد على استخدام الماء، على أن تتجنب الإصابات، حتى لا ينتهي بك الأمر إلى التوقف.

استمر في تحية الشمس كل صباح!

هذه اللحظة الخاصة بك (سواء كانت مع ممارسة اليوجا، أو التأمل، أو أداء الصلاة، أو التمارين الرياضية الخفيفة)، يجب أن تصبح روتينًا حقيقيًّا، لعدة أسباب:

- تسمح لجسمك بالتخلص من آثار النوم.
- تجعلك تشعر بالتألق مع بدء اليوم، وهي مثالية لمواجهة التوتر اليومي.
- يمكنك أن تجعلها لحظة امتنان، فتشكر فيها نفسك على الاختيار الصحيح، وتهنئها على دوام التزامها ليوم جديد.

تبنَّ «فكر القوة»

ماذا لو هنأت نفسك بانتظام على الجهد المبذول؟ ماذا لو فكرت في نفسك وقلت في كل مرَّة تتغلب فيها على الرغبة: «يمكنني أن أفخر بنفسي، لقد ربحت الرهان»؟ عن طريق قول «كفى» للأفكار السلبية، وتفعيل القوة الخارقة للأفكار الإيجابية والامتنان، سيكون الإقلاع عن التدخين أسهل.

الاستحمام أيضًا يمكن أن يكون أداة للإقلاع عن التدخين

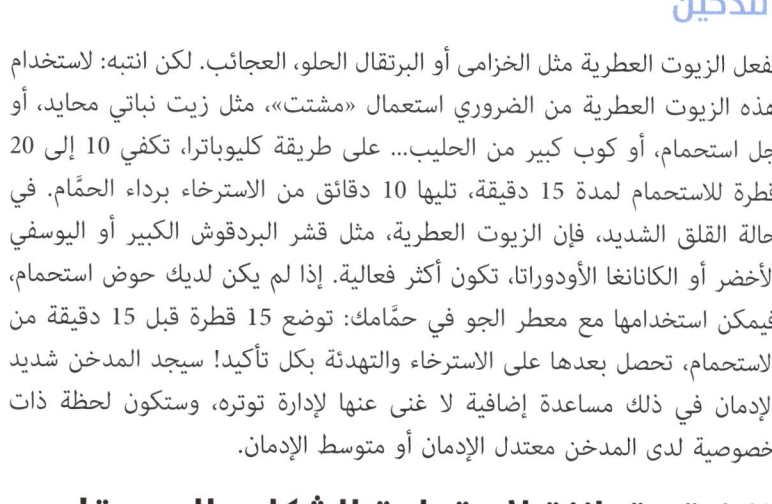

تفعل الزيوت العطرية مثل الخزامى أو البرتقال الحلو، العجائب. لكن انتبه: لاستخدام هذه الزيوت العطرية من الضروري استعمال «مشتت»، مثل زيت نباتي محايد، أو جل استحمام، أو كوب كبير من الحليب... على طريقة كليوباترا، تكفي 10 إلى 20 قطرة للاستحمام لمدة 15 دقيقة، تليها 10 دقائق من الاسترخاء برداء الحمَّام. في حالة القلق الشديد، فإن الزيوت العطرية، مثل قشر البردقوش الكبير أو اليوسفي الأخضر أو الكانانغا الأودوراتا، تكون أكثر فعالية. إذا لم يكن لديك حوض استحمام، فيمكن استخدامها مع معطر الجو في حمَّامك: توضع 15 قطرة قبل 15 دقيقة من الاستحمام، تحصل بعدها على الاسترخاء والتهدئة بكل تأكيد! سيجد المدخن شديد الإدمان في ذلك مساعدة إضافية لا غنى عنها لإدارة توتره، وستكون لحظة ذات خصوصية لدى المدخن معتدل الإدمان أو متوسط الإدمان.

تغذية متوازنة لاستعادة الشكل والحيوية!

لكي تستمر عملية إعادة التوازن الغذائي مع مرور الوقت، يجب أن يكون هناك توازن عادل بين المتعة والصحة. طريقة «القاعدة الحمضية»، سهلة الاتباع، ولها مزايا كثيرة، ويُفضَّل تبنيها مهما كانت حياتك الاجتماعية، فليس من قبيل المصادفة أن كثيرًا من الأطباء يوصون بها في الأنظمة الغذائية في أثناء فترة الإقلاع عن التدخين.

تناول الطعام بشكل مختلف لمساعدة جسمك على التخلص منه

قليلون منا من يعرفون ذلك، أن الجسم يقضي يومه في محاولة للحفاظ على التوازن المناسب بين الأس الهيدروجيني للسوائل بداخله. نتذكر جميعًا الشرائط الملونة الصغيرة الشهيرة التي يستخدمها الطبيب لفحص عينة البول سريعًا. إذا أجرى المدخن الاختبار (الشرائط متوفرة بسهولة في الصيدليات) سيكون عادة «حامضيًا». في الواقع، الاستهلاك اليومي للتبغ له تأثير مباشر على جودة الأكسجين الذي يتدفق في الجسم. إن كان ذا جودة رديئة، أو حتى غير كافٍ، فالأحماض هي التي تستفيد من ذلك. وبفضل النظام الغذائي «القلوي»، نساعد الجسم على استعادة توازنه بسرعة أكبر.

ما تتناوله

- الأطعمة العضوية وغير المصنعة، وكذلك التوابل والأعشاب الأخرى التي غالبًا ما تحقق التوازن الحمضي القاعدي.
- 1.5 لتر من المياه المعدنية ذات درجة حموضة متعادلة (يمكنك مراجعة الملصق) كل يوم.
- الطعام النباتي، يومًا إلى يومين في الأسبوع، وستكون بمنزلة أيام «التخلص من السموم»، ويكون هذا في الأيام التالية للأيام التي جرى فيها تناول العشاء.

- النشويات: البطاطا الحلوة، أو البطاطس، أو الحنطة السوداء، أو الحبوب الكاملة (مصحوبة بالخضراوات لأنها حمضية قليلًا).
- العناصر التي لا تدمرها طرق الطهي غير الجيدة (الحساء هو الغذاء المثالي لذلك، حيث يجري الاحتفاظ بمياه طهي الخضار. تتيح لكم المقلاة سرعة طهي الطعام وخصوصًا الخضار).
- علاج من البروبيوتيك من 3 إلى 4 أسابيع (الجرعة حسب العلامة التجارية المختارة)، لتعزيز البكتيريا المعوية عن طريق تناول الأطعمة المخمرة مثل الزبادي الطبيعي، والفطر الهندي، والحليب المخمر، والملفوف المخمر، والمخللات، وغيرها.
- أوميجا 3 مع الأسماك الدهنية والمكسرات وزيت بذور اللفت، على سبيل المثال.
- مضادات الأكسدة الموجودة في قشور الفواكه الملونة (الفواكه الحمراء)، والخضراوات ذات الأوراق الخضراء (الكرنب، والسبانخ، إلخ).

ما تتجنبه أو تقلل من تناوله

- البروتينات الحيوانية والدهون في العشاء.
- المشروبات الغازية والحلويات (إذا أحسست بالإغراء، يمكنك تعويض ذلك بالفواكه والخضراوات: ضع دائمًا شرائح الجزر أو الخيار في الثلاجة، أو الطماطم الكرزية!).
- منتجات الألبان الكاملة، خصوصًا الجبن، التي يجب تناولها باعتدال.

ركِّز على الأطعمة القلوية بصورة طبيعية

- **الخضار:** الهليون، والبنجر، والبروكلي، والجزر، والفطر، والخيار، والسبانخ، والخس، والبطاطس، والفاصوليا الخضراء، والبقدونس، والفلفل، والفجل، واللفت.
- **الفواكه:** الموالح عدا البرتقال، والكستناء، والعنب، والطماطم الناضجة، والشمام، والبطيخ، والموز، والكرز، والكمثرى، والتمر، والتين، والأفوكادو.
- **البذور الزيتية:** اللوز، والبندق، والبندق البرازيلي، والكاجو.
- **البهارات:** الزنجبيل، والثوم، والخردل، والكاري، والقرفة، وملح البحر.

تناول الأطعمة المسببة للأحماض بصورة معتدلة

- **اللحوم:** تُفضَّل الجودة مع التحكم في الأصل العضوي قدر الإمكان.
- **الأسماك:** تُفضَّل الأسماك الزيتية.
- **البيض:** من مصدر معروف أصله، تربى في الهواء الطلق.
- **منتجات الألبان:** يُفضَّل تجنبها قدر الإمكان.
- **الحبوب الكاملة:** يجب أن تكون مصحوبة دائمًا بالخضراوات أو الفواكه.

تعلَّم كيفية إدارة وجباتك في الخارج

يحق لك الذهاب إلى المطعم بالطبع! عليك فقط أن تتبنى ردود الفعل الصحيحة.

بالنسبة إلى فاتح الشهية

اكتفِ بكوب واحد من مشروبك المفضَّل واجعله معك طوال الوجبة، وليكن ذلك بالتناوب مع المياه الفوارة أو المعدنية، لأن الشرب قبل كل شيء هدفه ترطيب الجسم. نصيحة أخرى: من أجل ألا تنهار أمام رقائق البطاطس أو غيرها من المكسرات مثل الكاجو عالي السعرات الحرارية، فعليك أن تتبنى وجبة خفيفة قبل فاتح الشهية (مثل البيض المسلوق، والتفاح الحلو أو المالح، يمكنك الاختيار) مما يجعلك تتجنب الانهيار.

بالنسبة إلى المدخل

نحن عـادةً ننسى تناول السلطات ذات القيمة الغذائية العالية وننغمس في القشريات، ونطلب دائمًا الصوص في طبق على حدة، وعلينا ألا ننسى استخدام ملعقة كبيرة فقط من زيت الزيتون.

بالنسبة إلى الطبق الرئيسي

هنا تتخطى الصوصات لتركز على التوابل. لا تنسَ أن الفطيرة الكاملة مثالية عندما يتعلق الأمر بالتغذية. يُعَد المطبخ اللبناني حلًّا جيدًا، بما يحتويه من تبولة غنية بالفيتامينات، والحمص مصدر الدهون الجيدة، واللحوم المشوية.

بالنسبة إلى التحلية

يجب تجنبها بضعة أسابيع، فيما عدا سلطة الفواكه الطازجة، ويُفضَّل الاكتفاء بشرب القهوة أو الشاي مع مربع من الشوكولاتة.

الخيارات المناسبة في المطاعم

نصيحة من إروان مينشيور، رياضي سابق ومدرب لياقة وأخصائي تغذية.

- **المطبخ الإيطالي: تُفضَّل البيتزا النباتية، لأن مزيج اللحم (البروتين) والطماطم (حامض) وعجينة البيتزا (الدقيق الأبيض) ليس الأكثر قابلية للهضم. اتجه إلى المكرونة مع البيستو بدلًا من البولونيز، أو إلى الحساء أو إلى الريزوتو بالهليون أو بالفطر.**
- **مطبخ شمال أفريقيا: يجب أن يظل الكسكس نباتيًّا، سواء كنت نباتيًّا أم لا.**
- **المطبخ الياباني: انسَ السوشي واختر الساشيمي، وأكمل مع حساء الميسو وسلطة الأعشاب البحرية، وتخطَّ التمبورا، حتى مع الخضار أو مع القريدس، فهي لا تزال أطباقًا غنية جدًّا بالدهون!**

عقل لا يهمِل أبدًا

من خلال المحاولة الجادة في أن تكون إيجابيًّا، يمكنك أن تغفل عن حقيقة أنه لا بد أن تكون هناك أوقات أكثر صعوبة من غيرها: التعب، والاكتئاب... وهنا يكون الترقب هو أفضل حل.

من حقك أن تتعب!

إنه أمر طبيعي! فهذا الاضطراب في حياتك ليس هينًا! ما بين تغيير النظام الغذائي، وممارسة الرياضة على نحو أكثر انتظامًا، والإقلاع عن التدخين (للنيكوتين فضائل محفزة)، سيكون التعب حاضرًا بلا شك. لكن لا داعي للقلق، فهذا أمر مؤقت! فأخصائيو التبغ يقدرون أن ذلك يمكن أن يستمر من ستة إلى عشرة أسابيع. لذلك، عليك أن تتحمل، وتحاول قدر الإمكان الحصول على بعض الهواء النقي للاستفادة من فيتامين «د» الطبيعي، وملء طبقك بفيتامين «ج» للتعويض.

قليل من العلاج بالفيتامين لتبدأ من جديد

على الرغم من أنه يقال دائمًا إن اتباع نظام غذائي متوازن كافٍ لتلبية جميع الاحتياجات الغذائية اليومية، فإنه مع الإقلاع عن التدخين نكون أمام حالة خاصة. لذلك لا تتردد في تناول علاج مكون من فيتامين «ج» (مثل الكرز الهندي) والمغنيسيوم، الذي سيكون مفيدًا للغاية للتحكم في التعب، وفي تقلبات المزاج أيضًا. الجينسنغ معروف أيضًا بخصائصه المنشطة والمحفزة، ويمكنك أن تجده على هيئة كبسولات في جميع المتاجر العضوية والصيدليات الأخرى، ويمكنك أيضًا تحضير مشروب عشبي منه بقطعة مبشورة ومغمورة في القليل من الماء، مع بضع شرائح من الليمون، وقليل من العسل لتحلية كل شيء. أما الأشخاص الأكثر جرأة، فسيضيفون القليل من الفلفل الحار الذي له خصائص محفزة للجسم كله.

من حقك أن تكتئب!

يمكن أن تكون طريقة الحياة الجديدة هذه مثيرة للقلق: مواقف جديدة يجب إدارتها، وإيقاع جديد للحياة، مع مزيد من الرياضة... كثير من الاضطرابات في مثل هذا الوقت القصير! إنها الحياة اليومية كلها والنفسية أصبحت موضعًا لإعادة النظر. سيستغرق الأمر بعض الوقت لتزدهر «شخصيتك الجديدة». لكن هناك نقطة واحدة يجب عدم إغفالها: بسبب تأثير التبغ المحفز، يمكنه أيضًا أن يخفي لسنوات حالة اكتئابية يجب قبولها على هذا النحو، وربما معالجتها مع أخصائي لتجنب الانغماس في السجائر مرّة أخرى مع أول شعور بالانزعاج.

الرياضة أفضل علاج

لا داعي للقلق، فإن الإندورفين الذي يُنتج خلال الجلسات الرياضية، يستطيع، في الغالبية العظمى من الحالات، أن يخفف من لحظات الاكتئاب هذه. الجري، على وجه الخصوص، مشهود له بفوائده المعنوية: هناك حديث عن «العلاج بالركض»، وهناك دورات تدريبية لعلماء النفس تعتمد على الجري أو رياضة

مشي النورديك، في ألمانيا أو الولايات المتحدة الأمريكية. إذا مررت بلحظة «انتكاس»، فاقفز، على الفور، داخل حذائك الرياضي للحصول على بعض الهواء النقي. وإذا كان الألم أعمق، فلا تتردد في مناقشته مع طبيبك المعالج للنظر في الرعاية الشاملة، ولِمَ لا؟ يمكنك بالفعل الحصول على المساعدة الدوائية المؤقتة والعلاج مع الطبيب النفسي.

من حقك أن تغضب!

اغضب، ولكن ليس لديك الحق في أن تبقى غاضبًا طوال الوقت! نميل أحيانًا إلى الرغبة في أداء عمل جيد جدًّا، أو أداء كل شيء بصورة جيدة للغاية، ويكون تعلم التفويض أحيانًا مماثلًا لصعوبة الإقلاع عن التدخين! مع الإقلاع عن التدخين، أصبحت الجلسات الرياضية أساسية للحفاظ على استمرارك. أنت لا تحلم، لا يزال اليوم 24 ساعة فقط. لذلك، حان الوقت لقبول التخلي، والتراجع، للوقوف على أهمية الأمور. بين القمصان التي تخزن بصورة غير مرتبة، واستعادة الصحة، يجب أن يحدث الاختيار بسرعة!

ماذا لو أصابك الانهيار؟

قبل كل شيء، عليك أن تحدد الأسباب. يمكن أن يكون الانهيار جسديًّا أو نفسيًّا. هنا مرة أخرى، من الأفضل تدوين أكبر قدر ممكن من المعلومات، بحيث يمكنك أخذ الوقت الكافي للتعبير عنها بعد ذلك، سواء كان ذلك مع أخصائي التبغ أو «من يرعاك في فترة الإقلاع عن التدخين». دوِّن كل شيء: المكان، واللحظة، والحالة النفسية. حسنًا، لقد حدث الانهيار لسبب مهم أو غير مهم، المسألة هنا ليست بأي حال من الأحوال للحكم على نفسك، ولكن للتحليل. مع العلم أن الأمر يتطلب في المتوسط خمس محاولات للإقلاع عن التدخين بنجاح، فمن المهم عدم القلق أو الاستسلام. أهم شيء هو تحديد الظروف من أجل التمكن من الاستجابة لها بالطريقة الصحيحة في المرَّة المقبلة، من خلال التأمل (انظر صفحة 44)، أو الضغط بالأصابع (انظر صفحة 46)، أو الزيوت العطرية (انظر صفحة 47)، واستعادة السيطرة من خلال الحصول على إجابة محددة لمشكلة ملموسة.

ماذا لو اختفى الحافز؟

حان الوقت للاستماع إلى النص الذي سجلناه خلال الأسبوع الأول من الإقلاع عن التدخين (انظر صفحة 41) لقياس التقدم المحرز، لكن أيضًا تذكَّر قبل كل شيء سبب فعلك لكل هذا! تصبح الآثار مرئية، سواء على صحتك أو لياقتك البدنية اليومية، وبالطبع الآن ليس الوقت المناسب لترك كل شيء. من السهل الاتصال بـ«من يرعاك في فترة الإقلاع عن التدخين»، أو ببساطة أخصائي التبغ من «خدمة معلومات التبغ»، والذي سيعرف كيفية العثور على الكلمات الصحيحة لرفع روحك المعنوية المنخفضة. الشيء المهم هو ألا تبقى وحيدًا للتأمل في زاويتك الخاصة. تحدث عن ذلك، اخرج، اذهب للاستمتاع ببعض الهواء النقي، قدِّم لنفسك لحظة مميزة، مثل جلسة تدليك أو فيلم لتصفية

ذهنك، ولا تغفل عن حقيقة أنك يجب أن تفخر بالطريق الذي قطعته بالفعل!

العمل ضد الآثار الجانبية للإقلاع عن التدخين وعدم المعاناة منها

بالطبع، يمكن أن يسبب الإقلاع عن التدخين عسر الهضم، واضطراب النوم، وربما تبدأ في السعال! لكن لكل مشكلة حلولها:

- بالنسبة إلى الهضم: من خلال اتباع نظام غذائي متوازن، ستلعب ألياف الخضراوات دورها بسرعة كبيرة حتى تستعيد الأمعاء طبيعتها.
- بالنسبة إلى النوم: سيلعب الطعام أيضًا دورًا رئيسيًّا، كدور التأمل والتنفس، ولكن هناك أيضًا ردود الفعل الجيدة التي يجب تبنيها - سواء كنت في فترة للإقلاع عن التدخين أم لا - مع وجودك في غرفة ذات درجة حرارة مناسبة (19 درجة مئوية)، وقد جعلت الهاتف المحمول في وضع الطائرة واستعنت بكتاب جيد.
- بالنسبة إلى السعال: لا داعي للقلق، فهذا أمر طبيعي، ويُظهر أن الجسم، وبصورة أكثر تحديدًا أهداب الرئتين، في حالة عمل كامل مرة أخرى.

> ## نصيحة الدكتور جوود المُثلى!
>
> ماذا لو بدأتَ في الحساب؟ لا شك أن الآثار الأولى للإقلاع عن التدخين تظهر على الصحة، واللياقة البدنية اليومية، وعلى الحساب البنكي! ربما حان الوقت لتسحب الآلة الحاسبة لقياس التأثير الحقيقي لهذا القرار العظيم على ميزانيتك، والبدء في التخطيط لمشروع رائع يستمر لأشهر مقبلة. أتريد أرقامًا؟ مع علبة يبلغ ثمنها نحو 10 يورو في المتوسط، على أساس علبة واحدة في اليوم، هذا يساوي 3640 يورو إضافية على ميزانيتك السنوية! تخيل أنه يمكنك إضافة هذا المبلغ كل عام إلى حسابك البنكي! مهما كان تشخيصك كمدخن، فلديك كل شيء لتكسبه!

الفصل الثالث: الآن، عليك أن تستمر

الوصفة الصحية

وضع أخصائيو الإقلاع عن التدخين، وعلماء النفس، وأخصائيو التبغ، استراتيجية لاعتمادها على المدى الطويل، وعدم العودة إلى الوراء: أربع «تعويذات» يجب تكرارها دائمًا. الأمر متروك لك الآن!

- **الفين من أجل التغيير:** لستَ مدخنًا سابقًا فحسب، لكنك أصبحت قبل كل شيء رياضيًا جديدًا! البرمجة الجديدة: حذاؤك الرياضي للجري أو ركوب الدراجة جاهز. حلت سجادة اليوجا محل منفضة السجائر. شخصيتك الجديدة يمكنك أن تفخر بها!
- **السين من أجل الاستبدال:** احتفظ دائمًا بالزيوت العطرية المضادة للإجهاد، أو عبوات المعالجة المثلية في متناول يدك. وبمجرد أن تشعر بأنك على وشك الانهيار، استعن بثلاث دقائق من التأمل، أو استنشق هواءً نقيًا، أو استخدم فرشاة أسنانك!
- **الجيم من أجل التجنب:** نعم، يمكن أن يقع حادث، والإغراء في كل مكان، وأنت تعلم ذلك. لكن غير مقبول أن تبقى منعزلًا في المنزل وتكرر الأمر مرارًا وتكرارًا: «كنت أعرف ذلك». عليك أن تجد حلًا آخر، وهنا يأتي دور الملاك الحارس الخاص بك لمساعدتك في الإقلاع عن التدخين. من الواضح أنه يمكن التغيير، ويمكن أن يكون لديك واحد من العائلة، ومن الأصدقاء، ومن زملاء العمل. الشيء المهم هو أن تتأكد من أنك لست بمفردك أبدًا. لكن ماذا لو أنك لا تستطيع تحقيق ذلك؟ لا تقلق، فـ«خدمة معلومات التبغ» موجودة دائمًا!
- **القاف من أجل التوقُّع:** تجنبًا للاضطرار إلى الجدال، وتجنبًا لمواجهة الإغراء من دون معرفة الإجابة، لا تنسَ إجابتك الجاهزة على أولئك الذين يقدمون عبوتهم الخاصة بالسجائر ذات يوم. الإجابة الأكثر فعالية: «لم أعد أدخن، أشكرك على احترام خياري». إنها جملة بسيطة وواضحة وغير قابلة للنقاش.

إلى اللقاء بعد ستة أشهر

مر أسبوعان أو ثلاثة أسابيع منذ آخر مرَّة لمست فيها سيجارة؟ أحسنت، لقد انتهى الجزء الصعب بنجاح! الآن عليك تقدير التجربة من حيث الفترة الزمنية وإجراء التقييم.

لا شك أنك تلمس فوائد هذا الخيار الذي غالبًا ما كان صعبًا: يمكنك الآن صعود السلالم بسهولة أكبر، والنوم بصورة أفضل، وقد أصبحت بشرتك أنقى، وبدأت في استعادة مذاق بعض الأطعمة، وأصبحت مصدر فخر مَن حولك. باختصار، أنت تعيش على نحو أفضل!

خلال هذه الأسابيع

- هل شعرت بالانهيار؟

....

....

- إذا كان ذلك قد حدث، فبأي شكل؟ مجرد نَفَس أم سيجارة؟

....

....

- إذا كان ذلك قد حدث، فلماذا؟

....

....

- متى؟ وتحت أي ظروف؟

....

....

- كيف قضيت هذين الأسبوعين؟ بطريقة سهلة أم معقدة؟

....

....

- أكانت أوقاتًا صعبة؟

....

....

- على المستوى العاطفي، هل شعرت بخسارة؟

....

....

- على المستوى الجسدي، هل هناك زيادة في الوزن؟

....

....

- ضع قائمة بما تحسَّن لديك:

....

....

بالنسبة إلى البعض، مرت هذه الفترة على ما يُرام، بل أفضل مما كانوا يتوقعون، فتهانينا لهم! بالنسبة إلى البعض الآخر، كان من الصعب بعض الشيء الحفاظ على الطريق الصحيح، لكن قبل كل شيء، لا تُعدوا ذلك فشلًا! هذا التقييم ليس لجعلكم تشعرون بالذنب، بل لمساعدتكم في اتخاذ القرارات الصحيحة، أي الاستمرار في عملية الإقلاع عن التدخين من خلال تصحيح بعض النقاط التي ستُحدث بلا شك فارقًا كبيرًا في الأيام والأسابيع المقبلة. لا ترددوا في العودة وقراءة بعض النصائح والحيل المقدمة في هذا الكتاب، والتي لم تُصب هدفها بالتأكيد في المرَّة الأولى، لكنها ستكون مفيدة لكم الآن بلا شك، سواء أكانت لتأكيد النتائج الإيجابية الأولى، أو لتجنب الانهيار مرَّة أخرى.

للأسابيع المقبلة

- ما يمكنني تحسينه:

....

....

- ما لا يناسبني:

....

....

- ما يمكنني الاحتفاظ به:

....

....

- ما سأختبره:

....

....

لمزيد من المعلومات

مصادر

1- ج.ف. إيتر، ج. لو هويزيك وتي بيرنيجر، «استبيان ذاتي لقياس الاعتماد على السجائر: مقياس الاعتماد على السجائر»، علم الأدوية النفسية والعصبية، 2003؛ 28: 359-70.

2- «منظمة الصحة العالمية. احتشاء عضلة القلب الحاد وموانع الحمل الفموية المشتركة: نتائج دراسة دولية متعددة المراكز للحالات والشواهد. دراسة تعاونية لمنظمة الصحة العالمية لأمراض القلب والأوعية الدموية وموانع الحمل الهرمونية»، لانسيت، 1997 (349: 1202-9).

3- جامين باريس ج، «التبغ ووسائل منع الحمل»، في سيرفاتي د، منع الحمل، مجموعة «ملخصات الطب»، الطبعة الرابعة، ماسون، 2011.

4- سميث ف، ماكبرتي، أ. واتسون، د. ميلور، د. سبنس، س، نوتينبيلت، سي، «قياس تركيز النيكوتين في الشعر في القطط وعلاقته بالتعرض لدخان التبغ البيئي المبلغ عنه من صاحبها: النيكوتين في شعر القطط المعرضة للدخان». في مجلة ممارسة الحيوانات الصغيرة، 58، 2017.

5- إرنستر ف- إل، جرادي د، ميكي آر، وآخرون، «تجاعيد الوجه عند الرجال والنساء، حسب حالة التدخين»، المجلة الأمريكية للصحة العامة، 1995.

6- أنثينيللي آر أم، بينوفيتز إن إل، ويست آر، سانت أوبين إل، وآخرون، «فعالية وسلامة لاصقات الفارينكلين والبوبروبيون والنيكوتين النفسية والعصبية لدى المدخنين الذين يعانون أو لا يعانون الاضطرابات النفسية (إيجلز): تجربة سريرية مزدوجة التعمية، عشوائية، خاضعة للتحكم الوهمي»، لانسيت، 22 أبريل 2016.

7- فيصل م، حسن م د، «العلاج بالتنويم المغناطيسي كمساعدة في الإقلاع عن التدخين للمرضى في المستشفى: النتائج الأولية»، ورقة مقدمة في المؤتمر الدولي لأمراض الرئة في تشيست، شيكاغو، 24 أكتوبر 2007.

مواقع إلكترونية

- «خدمة معلومات التبغ»: ضرورية بالطبع، حيث يمكنك العثور على أكبر قدر ممكن من المعلومات، إضافةً إلى 39-89 للاتصال للتحدث مع أخصائي التبغ. التطبيق جيد جدًّا أيضًا. الموقع: www.tabac-info-service.fr
- «استوب تاباك»: هو المكافئ السويسري لـ«خدمة معلومات التبغ» لدينا. صُمم بشكل جيد للغاية مع تطبيق للتثبيت مرَّة أخرى. الموقع: www.stop-tabac.ch

تطبيقات رياضية

- «ديكاتلون كوتش»: صُمم جيدًا للبدء والتقدم في الجري مع خطط مصممة خصوصًا، لكن أيضًا هناك العديد من الرياضات الأخرى.
- «نايك»: لجميع تمارين اللياقة البدنية، و«أديداس رونتاستيك»: لتدريبات الجري.
- «فيزأب»: مع عرض مجاني، ولكن قبل كل شيء عرض مدفوع في غاية الوضوح ومكتمل للغاية.
- «يوجا بلاي»: عن طريق الاشتراك، لكنه جيد جدًّا ومتكامل جدًّا (يساعد على التأمل).
- «بيتي بامبو»: ضروري للغاية من أجل التأمل الموجه.

مراجع

إيلودي سيلارو، دفتري للياقة البدنية والطعام، مجموعة «دفتر ملاحظاتي»، سولار، 2017.

آن فلور جولنو، التدليك الذاتي - *114* تمرينًا بمعدات صغيرة، أمفورا، 2016.

آن دوفور وكاثرين دوبين، دليلي في النظام الغذائي القاعدي الحمضي، ليدوكس، 2016.

سيسيل بيرتين، دفتري للإقلاع عن التدخين، مجموعة «دفتر ملاحظاتي»، سولار، 2018.

اليوجا، الكتاب الموجود ضمن مجموعة «دفتر ملاحظاتي»، سولار، 2020.

أوريليا ديل سول، دفتر أهداف التدريب الخاص بي في *12* أسبوعًا، مجموعة «دفتر ملاحظاتي»، سولار، 2019.

فلوريان ليمونير، دفتري للتمارين الهوائية، مجموعة «دفتر ملاحظاتي»، سولار، 2019.

دار جامعة حمد بن خليفة للنشر
صندوق بريد 5825
الدوحة، دولة قطر

www.hbkupress.com

Published in the French language originally under the title:
Les Cahiers Dr. Good! Oui, je peux arrêter de fumer !

© 2020, Éditions Solar, an imprint of Edi8, Paris, France.

جميع الحقوق محفوظة.

لا يجوز استخدام أو إعادة طباعة أي جزء من هذا الكتاب بأي طريقة دون الحصول على الموافقة الخطية من الناشر باستثناء حالة الاقتباسات المختصرة التي تتجسد في الدراسات النقدية أو المراجعات.

إن الآراء الواردة في هذا الكتاب لا تعبر بالضرورة عن رأي الناشر.

الطبعة العربية الأولى عام 2022
دار جامعة حمد بن خليفة للنشر

الترقيم الدولي: 9789927161414

تمت الطباعة في بيروت-لبنان.

مكتبة قطر الوطنية بيانات الفهرسة – أثناء – النشر (فان)

بيرتين، سيسيل، 1970- مؤلف.

[Oui, je peux arrêter de fumer!]. Arabic

نعم، أستطيع الإقلاع عن التدخين / سيسيل بيرتين ؛ رسوم كي لام، كميل بالي ؛ ترجمة بسنت عادل فؤاد. - الطبعة العربية الأولى.
الدوحة، دولة قطر : دار جامعة حمد بن خليفة للنشر، 2022.

64 صفحة : إيضاحيات ملونة ؛ 24 سم

تدمك 978-992-716-141-4

ترجمة لكتاب: Oui, je peux arrêter de fumer!

1. الإقلاع عن التدخين -- الكتيبات، الموجزات الإرشادية، إلخ. أ. لام، كي، رسام. ب. بالي، كميل، رسام.

ج. فؤاد، بسنت عادل، مترجم. د. العنوان.

RC567 .B47125 2022

616.86506– dc23

2022 28520452